Andrea Coppola

AUTOCAD

IN 24 ORE

Blender
High School

Blender High School è su:

@malil: blenderhighschool@gmail.com
Website: http://www.blenderhighschool.it
BN: https://www.blendernetwork.org/andrea-coppola
Facebook: https://www.facebook.com/blenderhighschoolroma/
Youtube:https://www.youtube.com/channel/UCXAG3cjPaO6oCVMKS
9H5C5Q?view_as=subscriber

SOMMARIO

Introduzione 1

Interfaccia e personalizzazione 5

Controllo, visualizzazione e selezione 19

Gli strumenti del disegno 23

Gli strumenti di modifica 35

Impostazione dell'unità di misura del progetto 55

Personalizzazione degli strumenti 59

UCS 85

Lavorare con i layer e i ctb 91

I layout 99

Gestione dello spazio di pagina 103

Dimensionamento personalizzato del foglio 109

Inserimento di finestre nello spazio layout 115

Proprietà 121

Campitura 125

Quotatura e righello 131

Conclusioni 141

1
Introduzione

Benvenuto in questo corso di Autocad, in cui ci occuperemo esclusivamente dell'ambiente 2D di AutoCAD, nonostante questo completo software abbia tutti gli strumenti per realizzare modelli tridimensionali renderizzati e molto altro ancora.

Tuttavia, sono del parere che ogni programma sia stato pensato per una funzione principale ed eventualmente altre secondarie. AutoCAD è un fantastico strumento di disegno automatico, ma esistono numerosi altri programmi più indicati per la modellazione e la renderizzazione foto-realistica, tra i quali segnalo Blender, di cui è possibile acquistare la collana completa di 5 libri su www.lulu.com.

La versione di AutoCAD cui faremo riferimento è la 2015, ma questo fondamenti valgono anche sia per le versioni precedenti, sia per quelle successive.

Che cos'è AutoCAD, oltre a quello che già probabilmente sai?

Per comprendere a fondo questo potente strumento, sarà necessario che tu faccia un passo indietro nel tempo e immagini disegnatori, architetti, geometri e ingegneri disegnare e progettare sul buon vecchio tavolo da disegno munito di tecnigrafo.

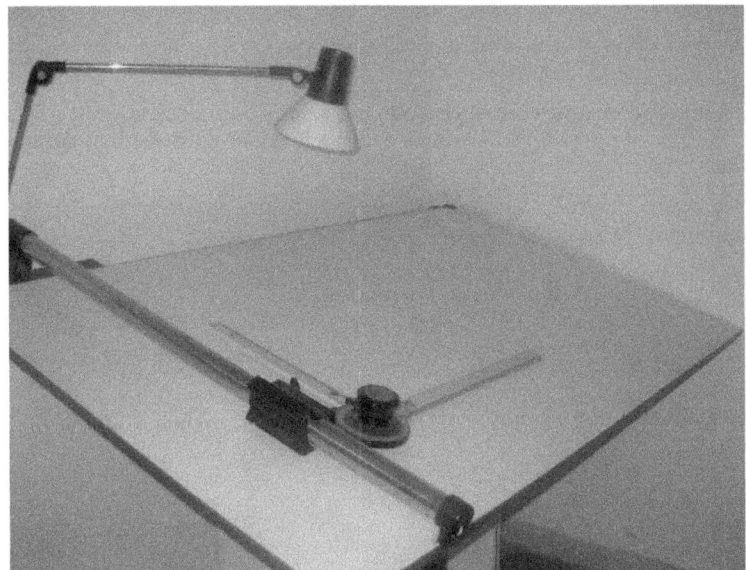

il tavolo da disegno con tecnigrafo

Il tecnigrafo era composto da un binario a due vie (orizzontale e verticale) sul quale era possibile muovere due righe posizionate tra loro a 90° con possibilità di rotazione.

Il corredo di un disegnatore era inoltre composto da matite, gomme, pennini di vario tratto, curvilinei, goniometri e lamette per grattare via la china.

Immagina ora di trasportare tutti questi strumenti all'interno di un software versatile e completo: AutoCAD.

AutoCAD dispone di un infinito tavolo da disegno, di pennini e tutti gli strumenti descritti sopra e spesso anche di una lampada.

Di fatto esiste una sola differenza tra il vecchio metodo manuale e questo programma.

Nel primo si disegnava direttamente in scala, data dalle dimensioni del foglio di disegno. Era quindi necessario definire prima la scala con cui si doveva rappresentare un oggetto.

Con il secondo si disegna invece direttamente in scala 1:1 e la scala di stampa può essere definita in un secondo momento nei layout di stampa.

Questa differenza è fondamentale e va compresa e acquisita *in toto*, come un comandamento!

Quello che imparerai in questo corso ti eviterà di utilizzare AutoCAD in modo disorganizzato ed erroneo, come la maggior parte degli utenti fai-da-te.

Imparerai inoltre a definire i pennini, i colori e la differenza fra gli ambienti "Modello" e "Layout".

Iniziamo!

2
Interfaccia e personalizzazione

L'interfaccia di AutoCAD è intuitiva e completamente personalizzabile.

Una volta installato e avviato, si presenta con un'interfaccia nuova rispetto alle versioni precedenti che non tutti riescono a digerire.

In effetti, è organizzata un po' come lo è il nuovo pacchetto Office, con una barra comandi superiore, divisa per macrosezioni e un'area di lavoro sottostante.

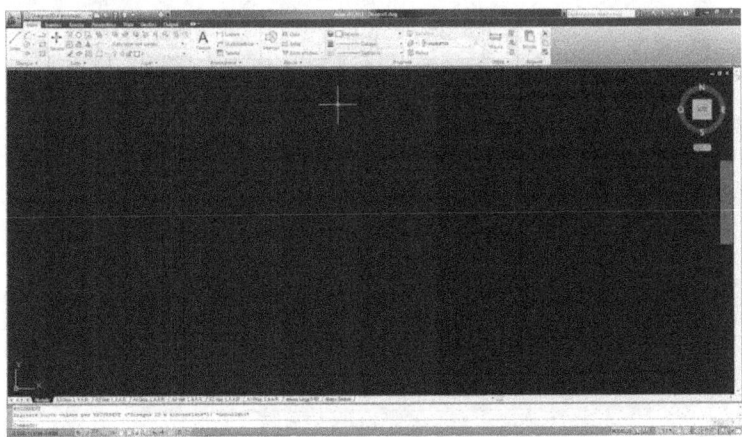

interfaccia nuova di AutoCAD

Personalmente preferisco l'interfaccia delle versioni precedenti che può tranquillamente essere ripristinata cliccando sull'icona a forma d'ingranaggio in basso a destra e scegliendo tra le opzioni "Classica di AutoCAD".

personalizzazione dell'interfaccia

Ecco come si presenterà l'interfaccia.

Potrai aggiungere, rimuovere e posizionare le barre degli strumenti, organizzandole come preferirai e secondo la tua logica personale.

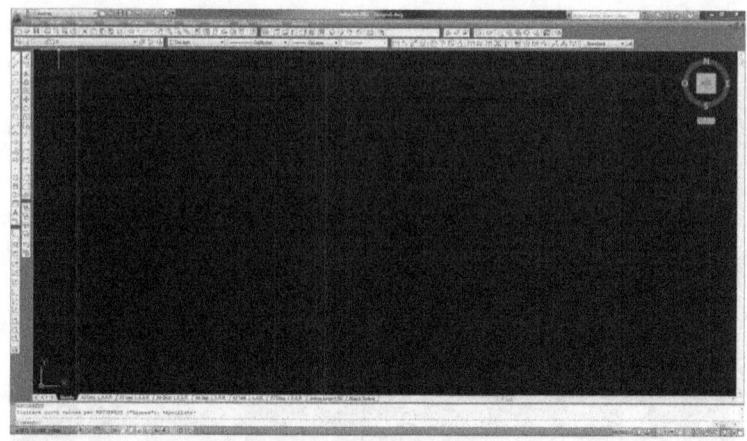

interfaccia classica di AutoCAD

Per farlo, ti basterà cliccare con il tasto destro del mouse in un qualunque punto grigio al di fuori della finestra di disegno (nera). Si aprirà un menu, in cui, nel sottomenu "AutoCAD", potrai scegliere gli strumenti che preferirai.

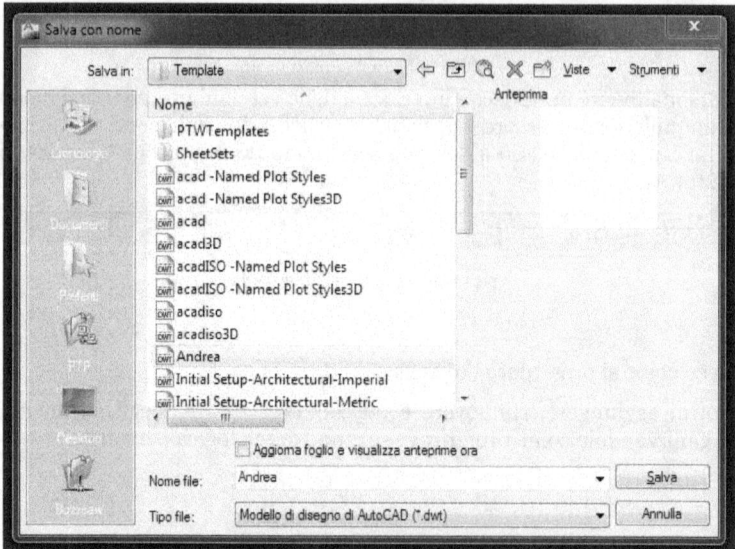

Opzione Salva come Template

Naturalmente la scelta dell'interfaccia è personale e la tua scelta insindacabile.

Per **salvare le impostazioni**, in modo che AutoCAD, al riavvio, si ripresenti sempre nello stesso modo, clicca sull'icona a forma d'ingranaggio e scegli "Salva corrente con nome...", poi in alto, nel menu "File" scegli "Salva con nome...", digita il nome del tuo "template" e scegli come "Tipo file" il "Modello di disegno di AutoCAD (*.dwt)". Infine "Salva".

Il file si posizionerà automaticamente nella cartella dei "templates" di AutoCAD.

Infine nel menu in alto "Strumenti", scegli "Opzioni". Si aprirà una finestra su cui definire tutta una serie d'impostazioni personalizzate dei AutoCAD.

Nel sottomenu "File", cerca "Impostazioni del modello" – "Nome file del modello di default per CNUOVO" e inserisci quello precedentemente salvato.

Clicca quindi su "Applica".

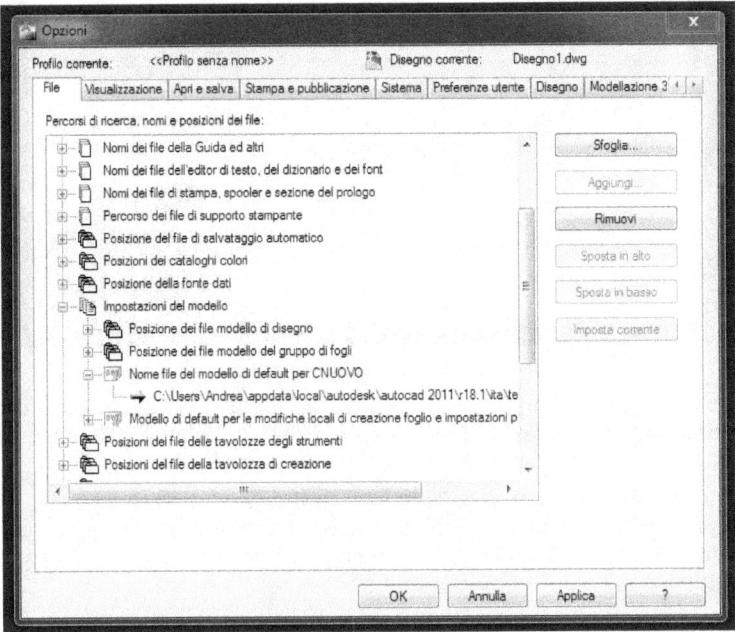

impostazione del modello di avvio

9

Ora devi definire le funzioni dei **tasti del mouse**.

Apri ora la linguetta "Preferenze Utente", clicca sul pulsante "Personalizzazione del pulsante destro del mouse..." e imposta i parametri come in figura 7.

Questa impostazione ti consentirà un doppio uso molto comodo del pulsante destro del mouse, ossia:

1. confermare (come se si cliccasse il tasto Enter);

2. ripetere l'ultimo comando (senza che sia necessario riselezionare l'icona).

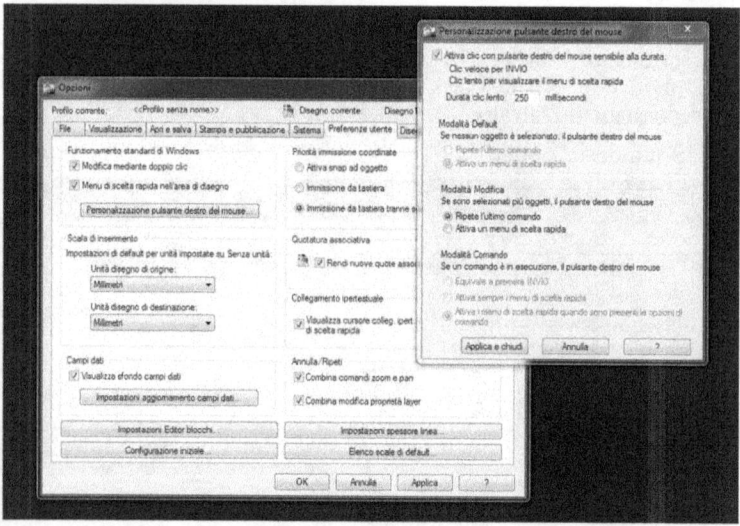

personalizzazione del tasto destro del mouse

Puoi inoltre personalizzare i colori, la forma e le dimensioni del puntatore ("Visualizzazione") scegliere la stampante ("Stampa e pubblicazione"), le icone di "snap" ("Disegno") e altre impostazioni.

Quanto ai **colori**, il consiglio è di utilizzare lo schermo nero (o comunque molto scuro) dell'area di lavoro, soprattutto se pensi che AutoCAD possa divenire uno strumento di lavoro per lunghi periodi di tempo.

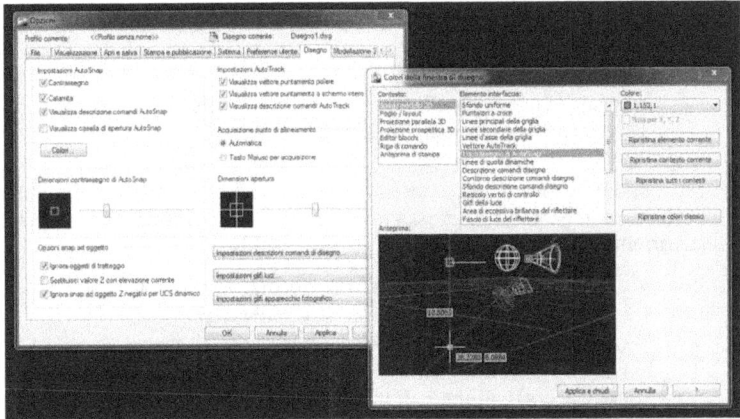

personalizzazione dei colori

L'interfaccia si presenta in modo molto semplice.

Mi baserò sull'interfaccia classica (forse la più usata ancora oggi), un po' perché maggiormente personalizzabile, un po' per abitudine.

L'area centrale (nera) è il grande foglio da disegno. In modo predefinito è scura con una griglia che può essere visualizzata o meno, e vedremo come in seguito.

Nell'**area di disegno** è possibile realizzare il progetto grafico in modo completamente libero.

Intorno all'area di disegno, è possibile inserire un gran numero di **barre degli strumenti**, raggruppate già per generi, importabili, come precedentemente descritto cliccando con il tasto destro del mouse in un'area grigia.

Ti consiglio per ora, di impostare AutoCAD con le seguenti interfacce, che in seguito sarai in grado di personalizzare a piacimento:

1. **barra "Disegna"** in cui sono racchiuse le principali forme di disegno (linea, polilinea, rettangolo, cerchio, campitura etc...);

2. **barra "Edita"**, molto importante perché contiene tutti gli strumenti di modifica degli strumenti di disegno precedenti (cancella, copia, stira, offset, sposta, ruota, taglia, raccorda...);

3. **barra "Ordine di visualizzazione"**, in cui puoi definire le priorità di visualizzazione dei vari oggetti disegnati;

11

4. **barra "UCS"**, che definisce gli assi cartesiani globali oppure relativi ad un oggetto;

5. **barra "Interroga"**, in cui potrai ottenere informazioni dimensionali di un oggetto (lunghezza, area...).

Questo primo gruppo l'ho posizionato in verticale sul lato sinistro dell'interfaccia. Se farai lo stesso, avrai sottomano, e tutti raggruppati, gli strumenti di disegno e modifica.

Ti consiglio quindi di aggiungere un secondo gruppo di barre in orizzontale sopra l'area di disegno. Per la precisione:

1. barra STANDARD, in cui troverai i principali strumenti di apertura e salvataggio file, stampa, copia proprietà, proprietà oggetto etc.;

2. barra LAYER, fondamentale per raggruppare oggetti di una stessa tipologia sotto un layer, rappresentato da un colore personalizzato;

3. barra LAYER II, in cui potrai eseguire operazioni tra differenti layer;

4. barra PROPRIETÀ, in cui potrai impostare per ogni oggetto il suo layer di appartenenza, il colore, gli spessori del tratto etc.;

5. barra QUOTATURA, differente da "Interroga" perché permette di inserire graficamente le quote sul disegno tecnico.

In questa fase ti sconsiglio di inserire ulteriori barre di strumenti, perché queste rappresentano il minimo per ottenere un rapido e completo uso di AutoCAD.

Salva le impostazioni sul menu con l'ingranaggio (sovraincidendo il nome dell'impostazione) e quindi il template.

Trascinando le barre degli strumenti nell'area di disegno, le trasformerai in libere tavolozze di strumenti, un altro modo di lavorare.

La **barra dei menu** di AutoCAD è tipica dei programmi in ambiente Windows o OS X.

Comprende una serie di menu a tendina ("File", "Modifica", "Visualizza", "Inserisci", "Formato" etc...) la cui impostazione è molto simile alla maggior parte dei software in circolazione e che vedremo via via, nel corso delle lezioni.

Proseguendo nella descrizione dell'interfaccia, al di sotto dell'area di disegno, ci sono le linguette "Modello" e "Layer" che determinano gli **ambienti di lavoro**, che permettono di passare dall'area di lavoro agli ambienti di stampa.

Nello specifico (vedremo in seguito nel dettaglio):

1. MODELLO rappresenta il tavolo da disegno con tutti gli strumenti del tecnigrafo;

2. LAYER (è tra l'altro possibile aggiungerne e rinominarne a piacimento) rappresenta i "fogli da disegno" su cui il disegno generato in ambiente "Modello" viene richiamato e posizionato in speciali finestre e riscalato in funzione delle dimensioni del foglio stesso.

| ◄◄ ◄ ► ►◄ \ Modello / A3 Orizz L.A.A.R. / A3 Vert. L.A.A.R / A4 Orizz. L.A.A.R. / A4 Vert. L.A.A.R. / A1 Vert. L.A.A.R. / A1 Orizz. L.A.A.R / striscia lunga h 60 / Abaco Simboli / |

ambienti di lavoro

Tengo a sottolineare che questo è l'unico modo corretto di lavorare.

Chiunque abbia imparato a disegnare già in scala in ambiente "Modello", stampando stralci di disegno da riquadri e intestazioni, SBAGLIA inequivocabilmente metodo di lavoro.

Ancora al di sotto degli ambienti di lavoro, troviamo le **righe di comando**, utili per inserire alcuni comandi particolari manuali.

Tutti i comandi (manuali o digitati via icona) sono descritti in ogni caso in questa barra sotto forma di comando manuale.

Ad esempio cliccando sull'icona "linea" tra gli strumenti sarà possibile inserire un segmento e, nella riga di comando, sarà scritto il comando manuale dell'operazione ("_line" nello specifico) e le impostazioni o le opzioni disponibili del comando.

```
Comando:
Comando:
Comando: _line Specificare primo punto:
```

righe di comando

Sulla sinistra sono visualizzate in tempo reale le coordinate del puntatore e, di seguito, i vari pulsanti che funzionano come degli interruttori che attivano o disattivano le varie funzioni, delle quali vediamo in dettaglio le principali.

13

1. SNAP (fig. a): forza la posizione del puntatore (e dell'inserimento di un oggetto grafico) sui punti della griglia;

2. GRIGLIA (fig. b): è legato al precedente e visualizza l'area di disegno come un foglio quadrettato, il cui passo può essere definito con il tasto destro sull'icona stessa e scegliendo "Impostazioni";

3. ORTO (fig. c): forza in modo ortogonale il disegno di un oggetto o lo spostamento o la copia dello stesso;

4. SNAP A UN OGGETTO (fig. d): forza l'inserimento, la copia o lo spostamento di un oggetto grafico su un punto specifico di altri oggetti, i quali possono essere definiti cliccando sull'icona col tasto destro e scegliendo dalla lista. Ogni punto è rappresentato nell'area di disegno con uno specifico simbolo in modo da poter essere subito riconosciuto;

5. INPUT DINAMICO (fig. e): visualizza in prossimità del puntatore una finestrella mobile (dinamica) in cui inserire direttamente i valori dimensionali;

6. SPESSORE DI LINEA (fig. f): che visualizza in modalità "Modello" gli spessori delle linee definiti nei layer in modo da fornire un preview di stampa dei pennini.

Il **puntatore** (o cursore) è visualizzato con una croce e un piccolo quadrato al centro e serve per inserire oggetti grafici. Può muoversi liberamente nell'area di disegno o può essere forzato dallo snap alla griglia o a un punto specifico di un oggetto.

Quando s'inserisce un oggetto, questo è definito da una o più **informazioni dimensionali**, visualizzabili e inseribili sia nell'INPUT DINAMICO, sia nella RIGA DI COMANDO, rispondendo alle "domande" (cioè gli "input") imposte per esteso a seconda del tipo di oggetto grafico.

L'interazione tra il mouse e la tastiera è importantissima ed essenziale nel lavorare con precisione con AutoCAD.

Sarà utilissimo imparare a memoria le informazioni dimensionali dei principali comandi e funzioni di modifica.

Ognuna di queste segue una logica specifica che va compresa e imparata, anche con l'ausilio della lettura della riga di comando.

Ad esempio la funzione di modifica "estendi" (che consente di proseguire una linea o una curva regolare fino a un altro oggetto grafico) risponde alla seguente domanda logica:

"fino a dove" ... "che cosa"?

La cui risposta (vedi come esempio le figure 12 e 13) è:

"fino al cerchio rosso estendi la linea blu".

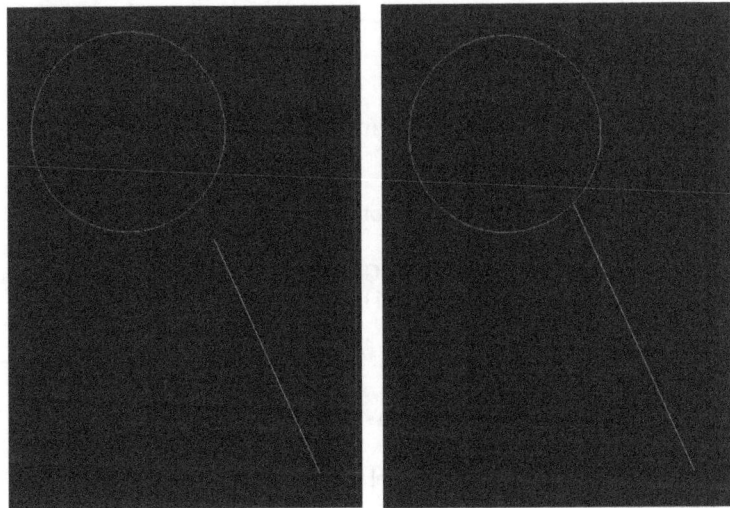

esempio di logica di un comando

Prima di passare al capitolo successivo, devi ancora conoscere i formati di salvataggio ed esportazione di AutoCAD.

Il formato proprietario di AutoCAD è il *.dwg, mentre il formato di salvataggio del modello (template) è il *.dwt.

Esiste un terzo formato (*.dxf) che riassume tutte le informazioni in formato testo per essere aperto da altre applicazioni e pesa circa il doppio del formato proprietario.

Vediamo le principali funzioni di gestione dei file.

Dal menu "**File**" è possibile:

1. creare un NUOVO file;

2. aprire un file esistente (APRI);

3. chiudere il file corrente (CHIUDI);

4. Importare file di altri software compatibili (IMPORTA);

5. salvare il file corrente (SALVA);

6. salvare il file corrente con un nome (SALVA CON NOME);

7. salvare in un file zip tutto il contenuto del lavoro (ETRANSMIT);

8. esportare il lavoro in formati compatibili con altri software (ESPORTA);

9. gestire la stampante e il plotter (GESTIONE PLOTTER);

10. gestire gli stili di stampa (GESTISCI STILI DI STAMPA), ossia i pennini e i colori per ogni layer;

11. visualizzare una ANTEPRIMA DI STAMPA;

12. stampare la pagina o l'area selezionata (STAMPA);

13. visualizzare le proprietà del disegno (PROPRIETÀ DISEGNO).

Nel menu "**Modifica**" vi sono i principali strumenti relativi alla modifica di un oggetto, per altro richiamabili dalla barra degli strumenti "modifica".

Il menu "**Visualizza**" racchiude tutti i comandi relativi alla visualizzazione del disegno, tra i più usati troviamo:

1. RIGENERA che ripristina una corretta visualizzazione, soprattutto delle curve;

2. ZOOM che racchiude alcune impostazione di zoom;

3. PAN che definisce le opzioni di spostamento della finestra di disegno;

4. ORBITA che gestisce il tipo di "gizmo" per le visualizzazioni 3D;

5. APPARECCHIO FOTOGRAFICO, utile per inserire fotocamere per viste 3D;

6. PASSEGGIA E VOLA che permette di simulare un percorso dinamico in ambiente 3D;

7. SCHERMO INTERO che allarga la vista a tutto schermo;

8. FINESTRE, indispensabile nei layout, che permette di inserire dei riquadri (finestre) da cui richiamare porzioni del modello;

9. PUNTI DI VISTA 3D che servono a visualizzare gli oggetti 3D dall'alto, in prospetto etc.;

10. STILI DI VISUALIZZAZIONE, sempre per l'ambiente 3D, in cui è possibile visualizzarli in modalità "fil di ferro", "solido", "renderizzato" etc.;

11. RENDER che effettua la vista renderizzata;

Molti di questi controlli sono inutili per il nostro corso 2D.

Il menu "**Inserisci**" consente l'inserimento nel disegno di oggetti di varia natura, come file esterni, immagini (utili per ricalcare) o blocchi, cioè un raggruppamento di oggetti grafici rinominati in un unico oggetto (come ad esempio "tavolo", "porta" etc.).

Il menu "**Formato**" definisce le impostazioni di alcuni comandi che vedremo in seguito.

Il menu "**Strumenti**" riassume tutti gli strumenti riportati sotto forma di icona nelle barre strumenti.

Analogamente il menu "**Disegna**" richiama le icone degli strumenti necessari per disegnare gli oggetti grafici primitivi (line, cerchio...) e altri.

Il menu "**Quotatura**" richiama tutti i comandi e le impostazioni della barra "quotatura".

Nel menu "**Edita**" ci sono tutti gli altri comandi di modifica presenti nella barra "modifica" (copia, specchia...).

Il menu "**Parametrico**" non verrà utilizzato in questo ebook.

Nel menu "**Finestra**", infine sarà possibile visualizzare le varie finestre di lavoro aperte, mentre con il punto interrogativo ("?") sarà possibile richiamare la guida in linea.

3
Controllo, visualizzazione e selezione

Dopo questa carrellata sull'interfaccia di AutoCAD, entriamo nel vivo del programma. In particolare imparerai a disegnare, selezionare e confermare.

Vediamo i principali comandi con il mouse e con la tastiera.

Innanzi tutto, il tasto **sinistro del mouse** serve a selezionare e a inserire oggetti e i loro parametri.

Come già detto, invece, il **tasto destro** serve a richiamare l'ultima operazione eseguita oppure a confermare un comando, come se fosse il tasto "Enter".

Ciò rappresenta un mezzo rapidissimo per disegnare.

La **rotella del mouse** serve a zoomare avanti e indietro, mentre il **tasto centrale** permette la panoramica (8pan) del disegno.

Il tasto **ESC** è un'ancora di salvezza e annulla qualsiasi operazione impostata in modo erroneo. Quando non sai che fare, ESC ti permette di ricominciare da capo.

Il tasto **CANC** cancella un oggetto (al pari dell'icona con la gomma da cancellare).

Il tasto **SHIFT** è utile per DESELEZIONARE un gruppo di oggetti selezionati, mentre (in ambito 2D) il tasto **CTRL**, combinato con altri tasti, serve a richiamare velocemente alcune funzioni (come per esempio CTRL+S, che serve a salvare il disegno).

Parliamo di **selezione**.

Per selezionare uno o più oggetti esistono 3 metodi:

1. click sugli oggetti con il tasto sinistro;

2. selezione da destra verso sinistra (selezione VERDE) che attiva tutti gli oggetti appena toccati, anche solo in parte, da tale operazione (fig. 14);

3. selezione da sinistra verso destra (selezione BLU) che attiva tutti gli oggetti completamente racchiusi da essa.

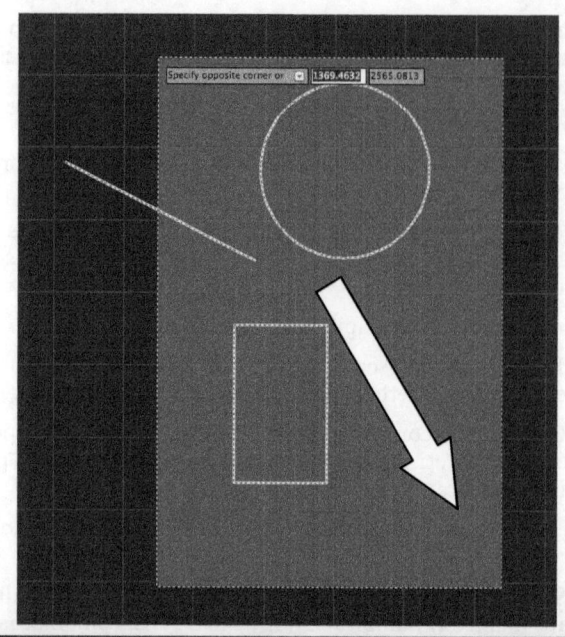

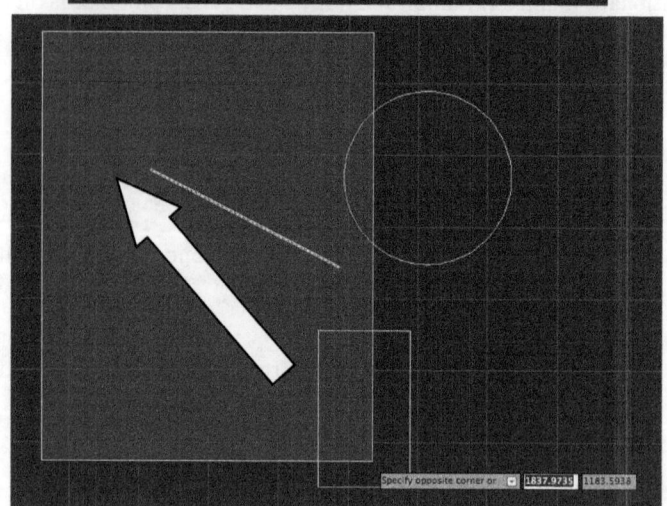

metodi di selezione

22

4
Gli strumenti del disegno

Iniziamo a disegnare!

In linea di principio, per disegnare un oggetto basta selezionarlo dalla lista delle icone, cliccare in un punto dell'area di disegno e selezionare la/le funzione/i successiva/e.

Ad esempio: per disegnare un segmento scegliere "**linea**", cliccare in un punto dello schermo (anche coincidente con un punto di un altro oggetto, grazie all'uso dell'OSNAP) e specificare il punto successivo. Tale punto potrà essere inserito numericamente (semplicemente digitandone il valore positivo o negativo rispetto agli assi cartesiani), oppure impostato liberamente nel piano cliccando in un altro punto dell'area di disegno.

Durante l'operazione, l'Inspector fornirà le proprietà dell'oggetto in creazione, come (nel caso della nostra retta) l'inclinazione, le coordinate e la lunghezza.

I parametri potranno essere inseriti direttamente nell'Inspector.

Con il tasto destro del mouse conferma l'operazione.

Fino a che non verrà cliccato il tasto destro, sarà possibile inserire altri segmenti, uniti all'ultimo punto del precedente, a creare una spezzata.

Prova a creare un segmento di lunghezza 10.

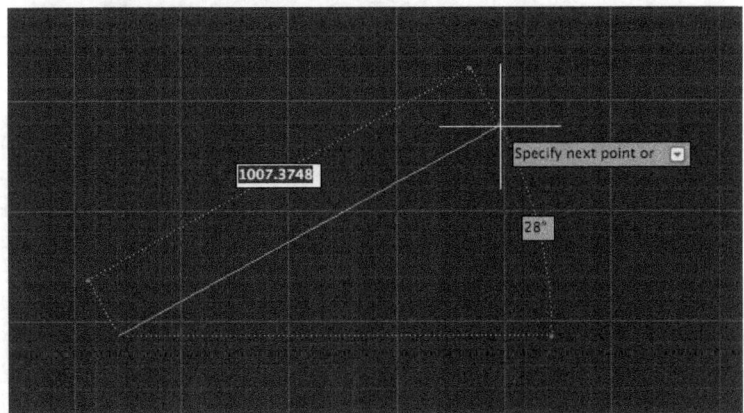

inserimento di un segmento

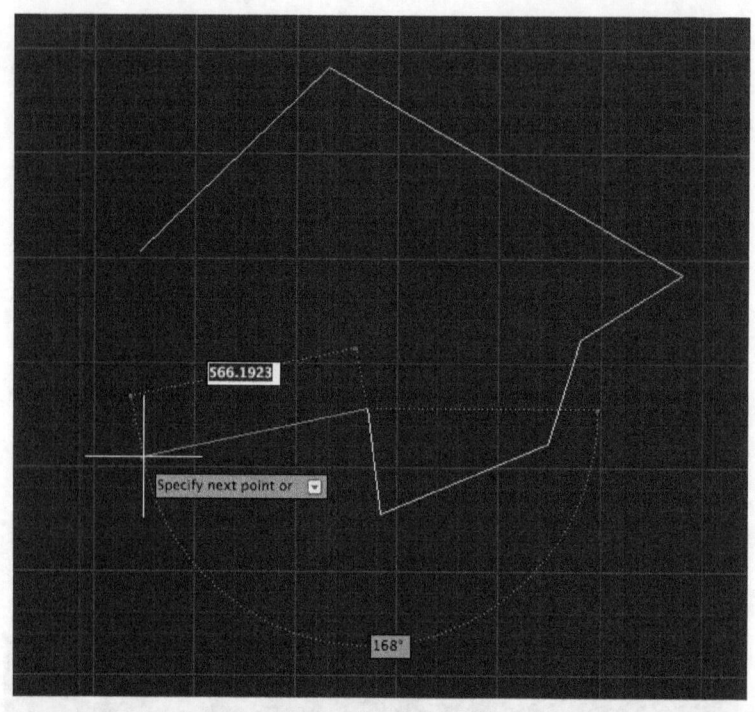

creazione di una spezzata

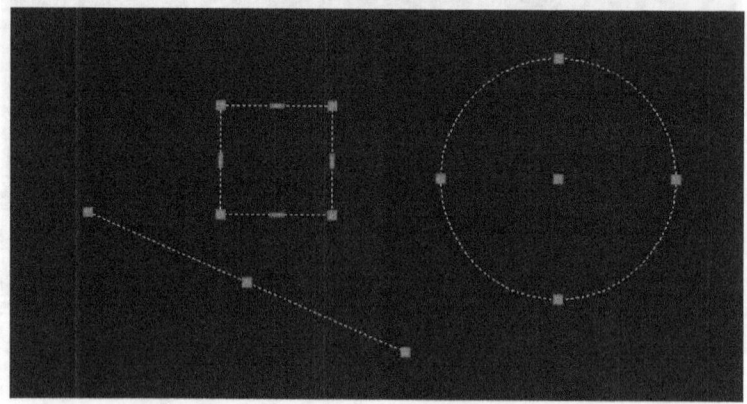

maniglie

AutoCAD è uno strumento parametrico, pertanto tutte le operazioni possono essere definite attraverso valori numerici.

Ogni oggetto è provvisto di "maniglie" (dei quadratini blu, come in figura 18), punti di controllo utili per l'allungamento, lo spostamento e la rotazione di un oggetto.

Tali maniglie si attivano con la selezione di un oggetto e possono essere selezionate con il tasto sinistro del mouse.

Prova ad allungare la retta, "tirando" una maniglia.

Puoi ovviamente inserire il valore numericamente, visualizzarlo nell'inspector, o agganciarti in un punto (con l'OSNAP attivato) di un altro oggetto, come in figura 19.

Clicca col tasto sinistro per definire la nuova posizione del punto, infine conferma col tasto destro.

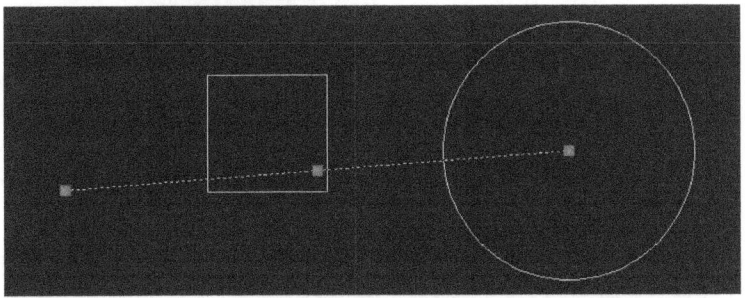

tiratura della maniglia del segmento fino ad agganciarsi con il centro del cerchio

Se il pulsante ORTO è attivato, la retta può essere creata e i suoi punti spostati soltanto in senso ortogonale (in direzione x oppure y).

Il tasto F8 attiva (o disattiva) velocemente la funzione ORTO, così come il tasto F3 attiva (o disattiva) la funzione OSNAP.

Per creare un **rettangolo** si agisce analogamente alla linea, ossia:

1. in modo libero, cliccando prima per definire un punto e poi quello opposto;

2. agganciandosi con OSNAP attivato a un punto di un altro oggetto;

3. inserendo le misure esatte di larghezza e altezza con la formula:

@ x; y

dove x e y sono le misure dei lati.

```
Comando:
Comando: _rectang

Specificare primo angolo o [Cima/Elevazione/Raccordo/Altezza/Larghezza]: @5,7
```

inserimento dei valori dimensionali di un rettangolo

Conferma con il tasto destro o con "Enter".

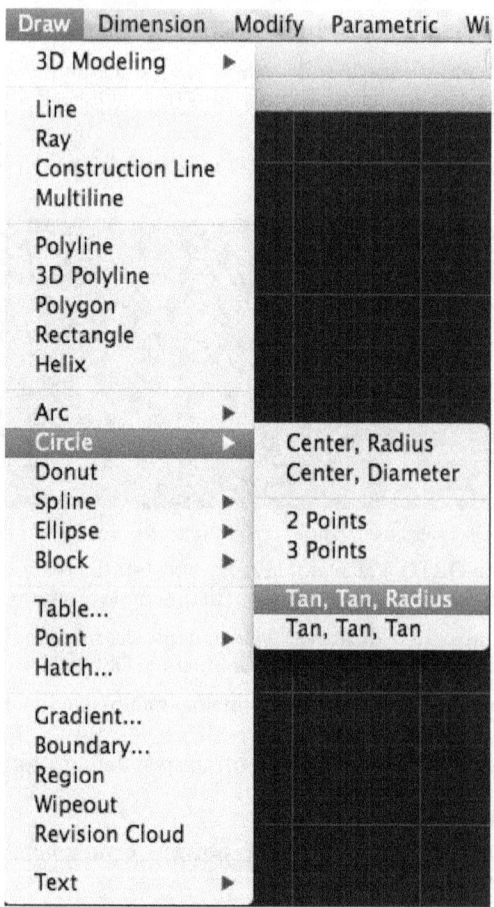

opzioni inserimento cerchio

Con le maniglie i lati e i vertici possono essere ovviamente spostati.

Per creare una **circonferenza**, clicca su "cerchio". Il primo punto cliccato nell'area di disegno rappresenta il cerchio, mentre digitando un valore si definisce il raggio.

Analogamente ai casi precedenti è possibile optare per inserimenti liberi o per snap a oggetti esistenti.

AutoCAD consente di disegnare una circonferenza anche con metodi matematici e geometrici più avanzati, selezionando dal menu "Disegna" la scelta "cerchio", e nel sottomenu scegliendo:

- dati centro e raggio (standard);

- dati centro e diametro;

- dati 2 punti noti (e scegliendo il lato);

- dati 3 punti noti;

- dati 2 punti di tangenza ad altri oggetti e il raggio;

- dati 3 punti di tangenza ad altri oggetti.

Le **linee di costruzione** sono utilissime per creare delle guide per la costruzione di un disegno. Possono essere copiate, ruotate o tagliate per essere utilizzate nel disegno, oppure cancellate a fine lavoro.

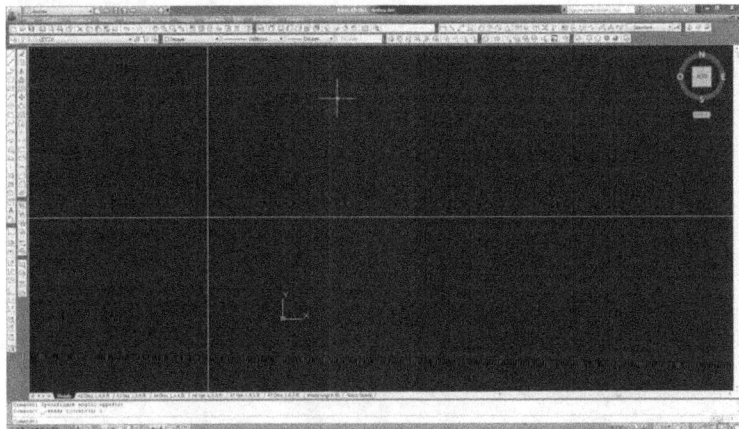

linee di costruzione

La **polilinea** è una spezzata che differisce da una spezzata composta di linee normali, per il fatto di essere considerata un unico oggetto e quindi selezionabile e modificabile *in toto*.

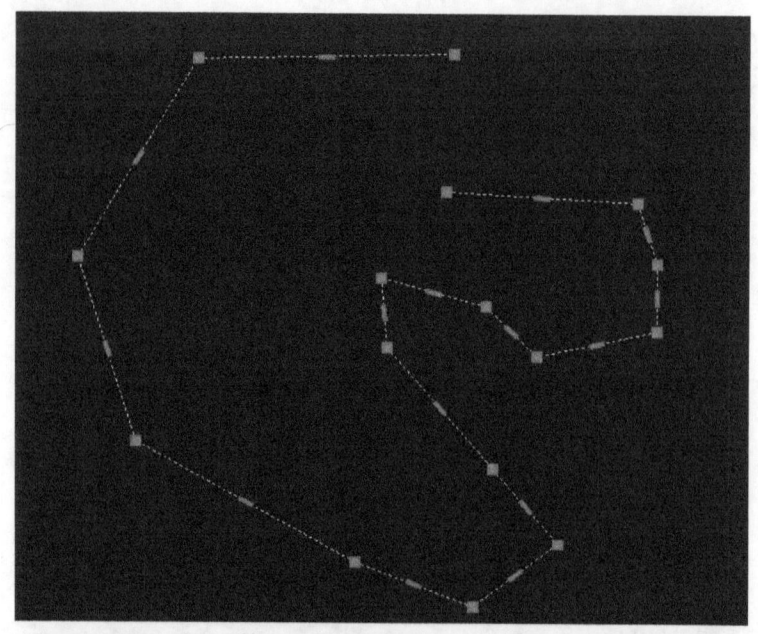

polilinea

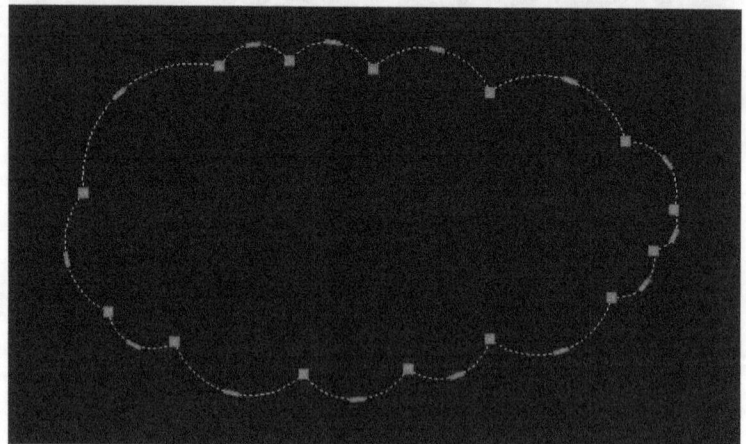

fumetto di revisione

Il **fumetto di revisione** è un susseguirsi di archi di circonferenza che serve esclusivamente per evidenziare nel disegno parti che devono essere modificate, revisionate, controllate o cancellate in un secondo momento. Una sorta di evidenziatore.

La **Spline** è un utilissimo strumento che permette di disegnare a mano libera, utilizzando curve raccordate tra esse dalle loro tangenti. Tali tangenti sono semplicemente determinate dalla posizione del cursore.

La Spline può essere chiusa o aperta con un click del tasto destro.

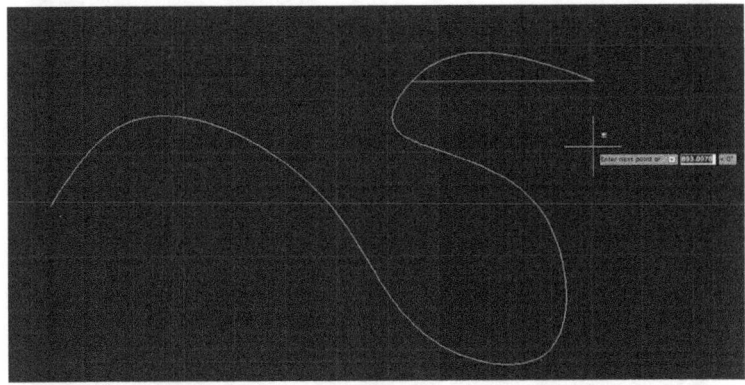

spline

L'**ellisse** e l'**arco** si costruiscono nelle stesse modalità del cerchio.

Infine il **punto** che è l'unica entità adimensionale.

Possono infine essere inseriti dei testi (regolando il carattere, le dimensioni, l'allineamento, lo stile etc. come in figura 26), delle tabelle e delle campiture.

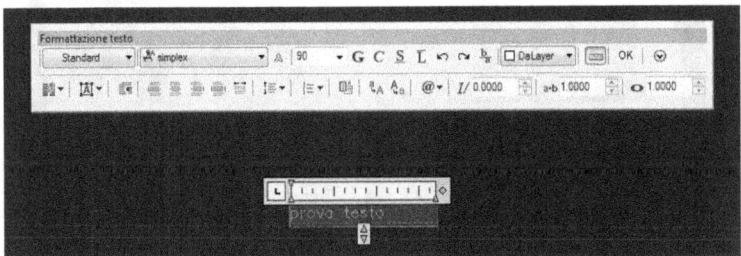

testi

Le **campiture** sono alla base di un bel disegno.

È possibile scegliere fra campiture piene e campiture sfumate.

Tra le prime (figura 27), a loro volta è possibile scegliere tratteggi di vario genere e colore pieno.

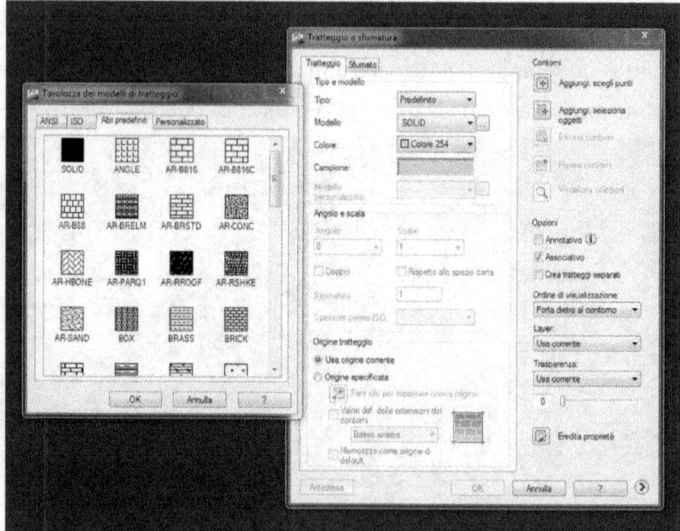

campitura piena

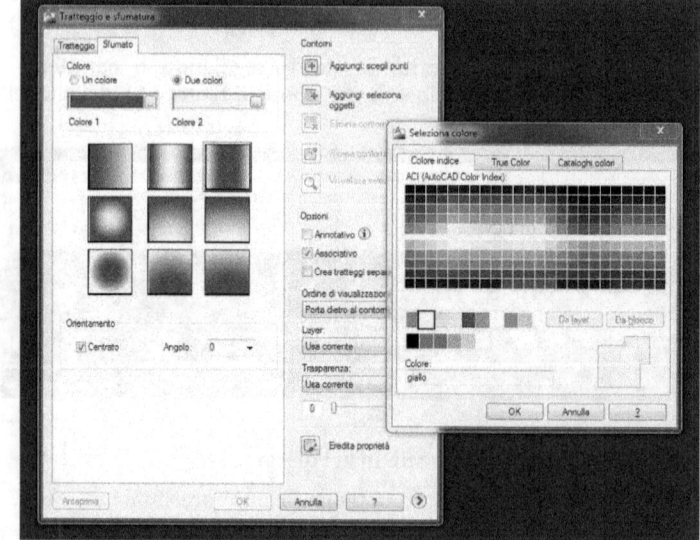

campitura sfumata

Per definire invece le seconde, basta scegliere i due colori che si sfumeranno dall'uno all'altro.

Per inserire una campitura è fondamentale che ci sia un oggetto che definisca una superficie perfettamente chiusa.

Per campire una superficie, seleziona il tasto "Aggiungi: scegli punti", quindi l'area e infine conferma con "OK".

inserimento di una campitura sfumata

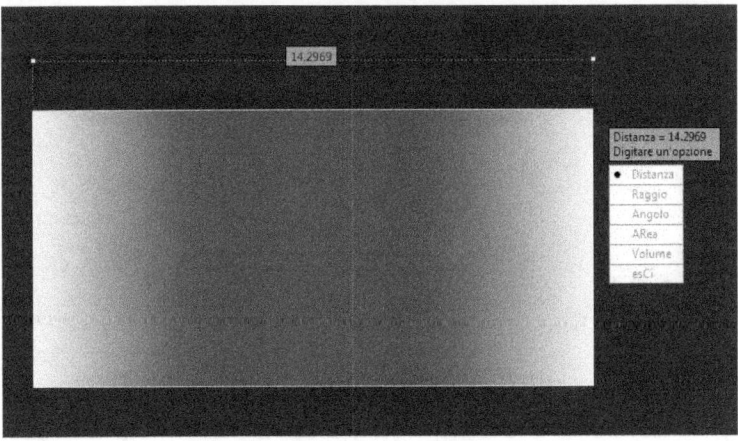

conoscere la distanza tra due punti con il righello

La **regione** per ora non ci interessa perché è utile per le estrusioni delle facce nel 3D.

Per **misurare una distanza** tra due punti è sufficiente cliccare sull'icona del righello della barra "interroga" e poi cliccare i due punti dei quali si vuole conoscere la distanza.

Questa cosa è ben diversa dalla quotatura di un disegno che vedremo in seguito.

5

Gli strumenti di modifica

Gli strumenti di disegno non sono sufficienti per realizzare un progetto. Questi sono solo la partenza, ma vanno modificati, stirati, tagliati o allungati per poter realizzare il disegno finale. Gli strumenti di modifica servono proprio a questo.

Vediamoli uno per uno.

La **gomma** serve per eliminare un oggetto selezionato, ma di solito si usa il tasto CANC.

Il **copia** serve per duplicare un oggetto. Selezionato l'oggetto si clicca sull'icona e si sposta il doppione nella direzione voluta di un valore definito o numericamente o nello spazio, eventualmente agganciandosi con l'OSNAP a un punto di un altro oggetto. Confermato col tasto destro, si può continuare a copiare fino alla conferma definitiva.

In alternativa è possibile utilizzare la combinazione di tasti CTRL + C (per copiare), e poi CTRL + V (per incollare).

Incollando con CTRL+SHIFT+V si esegue la copia dell'oggetto o degli oggetti in un **gruppo** (ossia come se fosse un'unica entità).

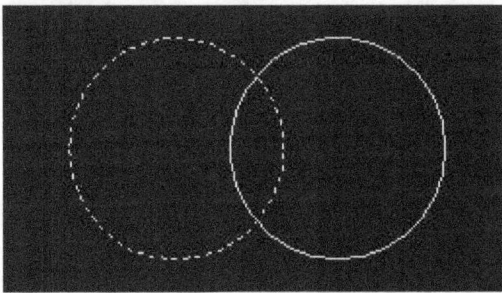

copia di una circonferenza

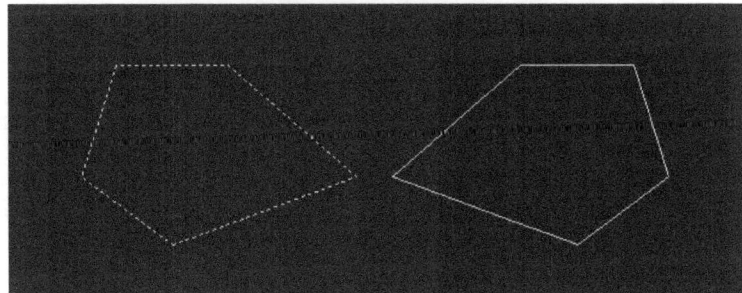

specchiatura di un oggetto

Specchia crea una copia specchiata rispetto a un asse o un segmento di un oggetto o una serie di oggetti.

L'**offset** è uno strumento utilissimo principalmente per realizzare lo spessore dei muri.

Selezionato un oggetto, clicca sull'icona offset, quindi digita il valore dello spessore (o determinalo con un segmento noto), infine clicca da un lato o dall'altro dell'oggetto per indicare il verso dello spessore.

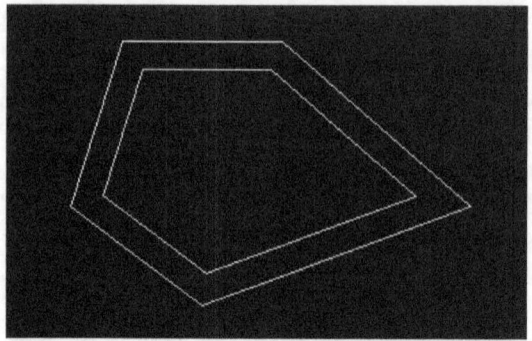

offset di un oggetto

La **serie** (o **array**) serve a fare delle copie in serie di un oggetto o una serie di oggetti secondo lo schema definito in tabella, come nell'esempio qui di seguito proposto.

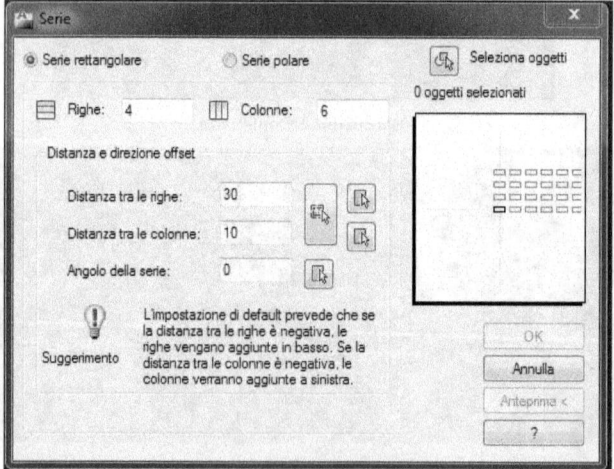

finestra di dialogo dell'array

risultato della copia in serie di alcuni oggetti

Sposta serve per spostare (nello spazio, di un valore noto digitato, o su un punto di un altro oggetto con OSNAP attivato) un oggetto o un gruppo di oggetti selezionati.

Il funzionamento è analogo a quello di copia.

Seleziona l'oggetto o gli oggetti e, dopo aver cliccato sull'icona "sposta", trascinalo/i nella nuova posizione desiderata.

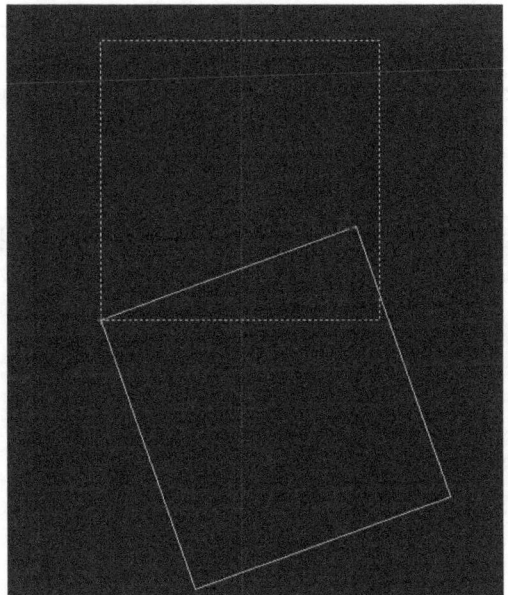

rotazione attorno ad un vertice

Ruota serve, come dice la parola, a ruotare un oggetto attorno a un punto o secondo un nuovo asse.

È un comando importantissimo che ti troverai a utilizzare spessissimo nel corso dei tuoi lavori.

Primo caso: rotazione attorno a un punto.

Seleziona l'oggetto e clicca sull'icona "ruota".

AutoCAD ti chiederà ti inserire il "punto base", ossia il centro di rotazione. Clicca nel punto desiderato e digita quindi i gradi della rotazione (positivi o negativi).

Secondo caso: rotazione secondo un asse di riferimento.

Questo metodo serve per ruotare un oggetto secondo un nuovo asse di riferimento.

Ad esempio, quando dobbiamo posizionare una porta (già disegnata) su un muro diagonale (vedi figura 37).

Selezionare l'oggetto e cliccare sull'icona "ruota".

Selezionare il centro di rotazione e quindi confermare.

Digitare "R" (cioè "riferimento"), quindi selezionare i due punti che contengono l'asse originale. Confermare.

Selezionare quindi i due punti del nuovo asse di riferimento e confermare.

In figura 37 i due assi di rotazione sono colorati in arancio, mentre il centro di rotazione è l'intersezione fra i due.

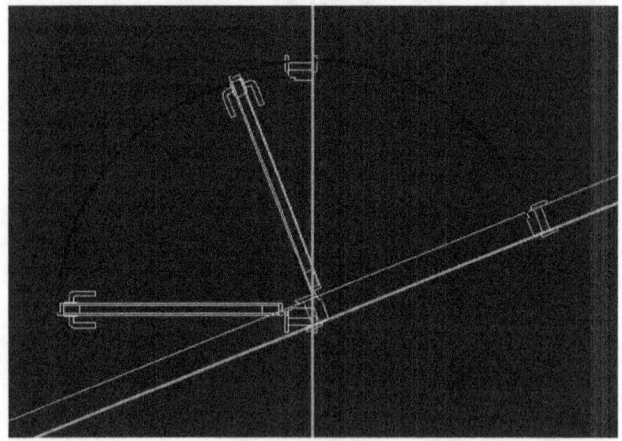

rotazione di una porta secondo un riferimento

La **scala** riproporziona un oggetto o una selezione di oggetti secondo un valore percentuale (da 0 a 1) o secondo un riferimento.

Vedremo un esempio di scala nel capitolo relativo all'esercizio n. 1.

Il comando **Stira** è poco utilizzato in quanto dalla versione 11 di AutoCAD si usano le maniglie centrali dei segmenti per stirare un oggetto.

40

Il comando **Taglia** è fondamentale.

Immagina di voler interrompere il muro in corrispondenza dei cardini della porta.

Crea due segmenti coincidenti con i cardini della porta e selezionali.

Clicca sull'icona "taglia" e seleziona i due segmenti del muro compresi fra i due selezionati.

Conferma.

La logica grammaticale i questa funzione, a differenza di quella già vista in precedenza è:

"chi taglia cosa?"

Nel tuo caso, la risposta è:

"i segmenti tagliano la parte centrale".

Quanto descritto è rappresentato nella figura di seguito.

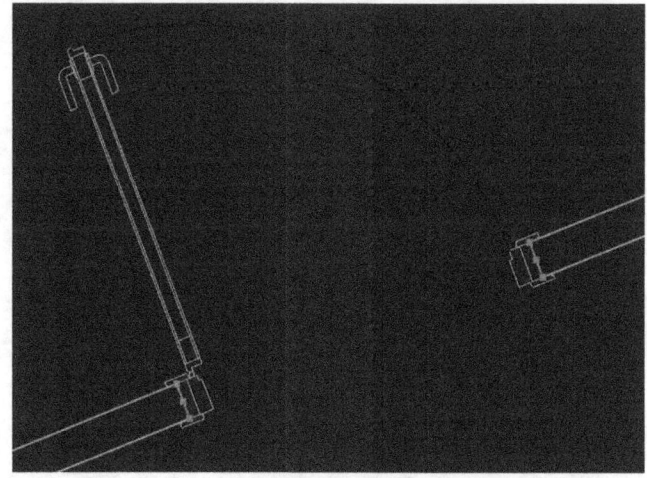

l'uso del comando Taglia

Il comando **Estendi** permette di estendere un segmento fino a che la proiezione tocchi l'elemento precedentemente selezionato, secondo la grammatica:

"fino a dove estendo questo?"

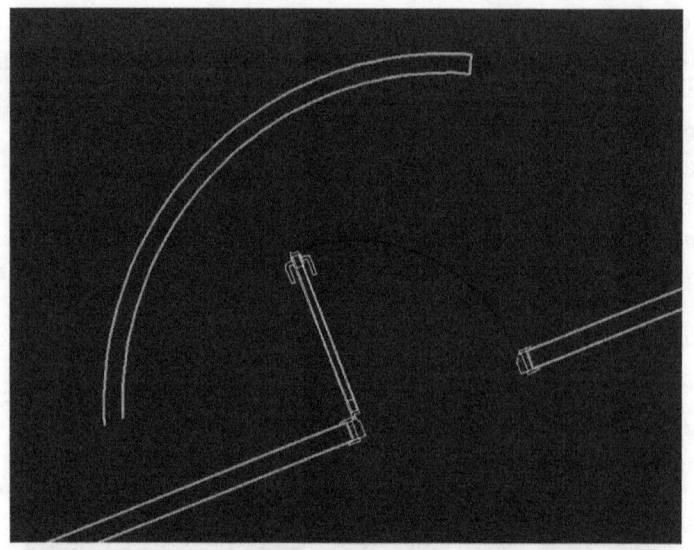

estendere il muro curvo fino a quello lineare

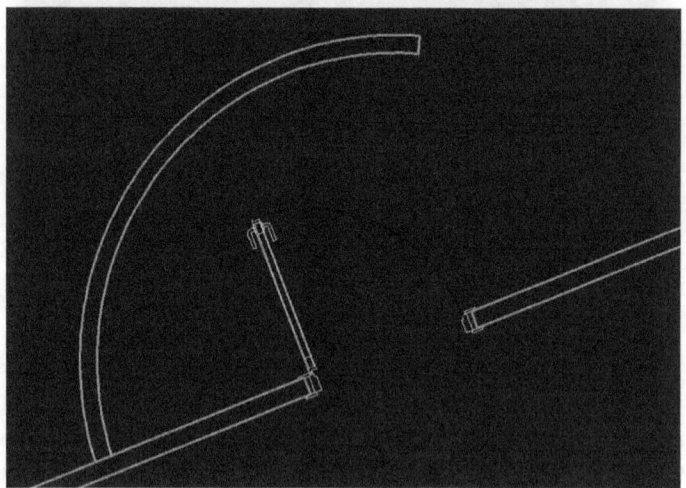

estensione eseguita

42

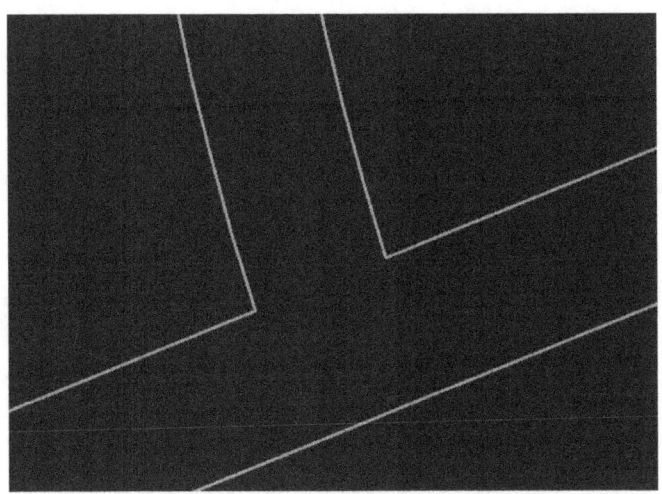

cancellazione del segmento di intersezione per creare continuità grafica del muro

Il comando **Spezza in un punto** divide in due un segmento o una curva.

Seleziona l'oggetto e, selezionata l'icona, clicca nel punto di divisione per creare due elementi distinti.

Ecco un esempio di divisione al fine di creare una "bombatura a cuspide" nel muro.

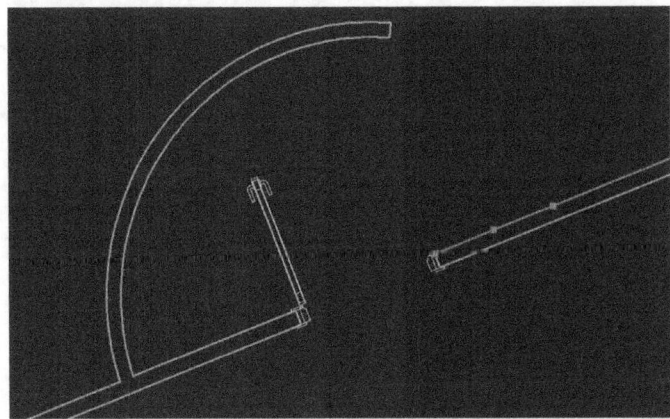

selezione dei vertici di interruzione

43

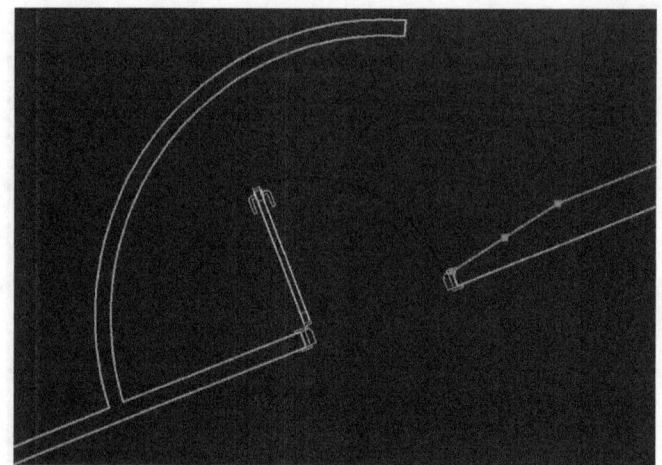

divisione di un segmento e spostamento dei punti

Il comando **Cima** permette di giuntare due segmenti non allineati, trovando il punto di intersezione nel proseguimento lineare degli stessi.

Seleziona i due segmenti e poi clicca sull'icona "cime". Si giunteranno automaticamente.

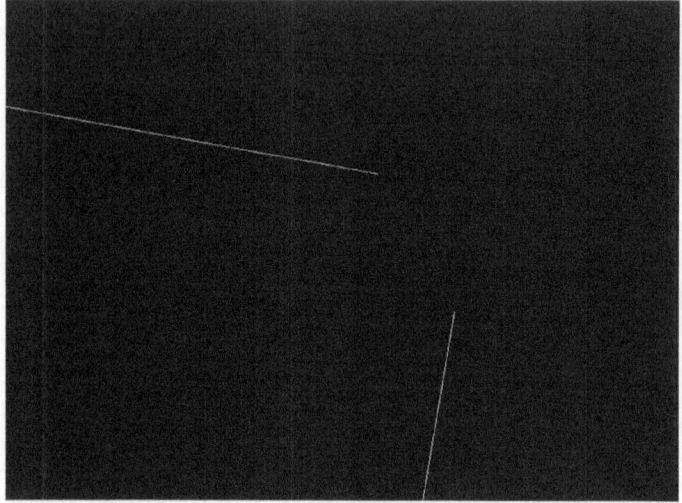

due vertici da unire

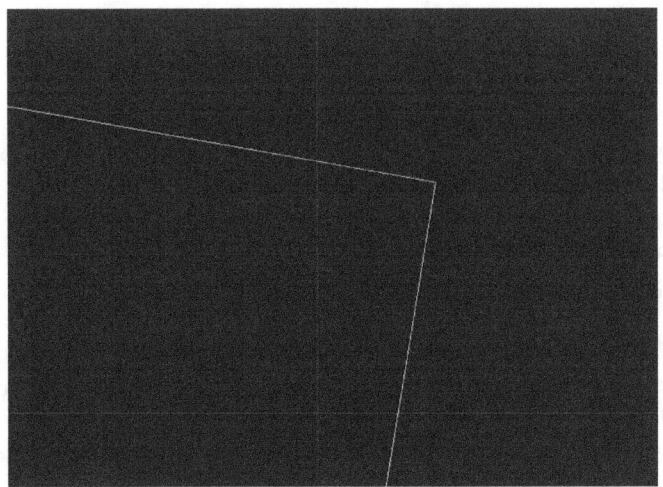

cima fra due segmenti

Raccorda funziona esattamente come "cima" ma permette di arrotondare lo spigolo secondo un raggio predefinito.

Seleziona i due segmenti e clicca sull'icona "raccorda", quindi digita "Ra" (che sta per raggio), conferma col tasto destro e poi digita il valore del raggio di curvatura. Conferma.

raccorda

45

Infine il tasto **Esplodi** permette di liberare da un blocco i vari elementi che lo compongono. Seleziona il blocco e clicca sull'icona "esplodi", quindi conferma.

ESERCIZIO: DISEGNO DELLA PIANTA DI UNA CASA, DATA UN'IMMAGINE DI RIFERIMENTO

In questo esercizio imparerai a ricalcare una piantina di cui conosci solo alcune misure.

Questo metodo è utilissimo quando ti consegneranno piantine catastali fuori scala che dovrai ridisegnare da zero per poi eseguire sul nuovo disegno il nuovo progetto.

Con quanto appreso in queste pagine, sei perfettamente in grado di eseguire questo semplice esercizio.

Per prima cosa provvedi a recuperare un'immagine della pianta di una casa in formato *.jpg o *.png.

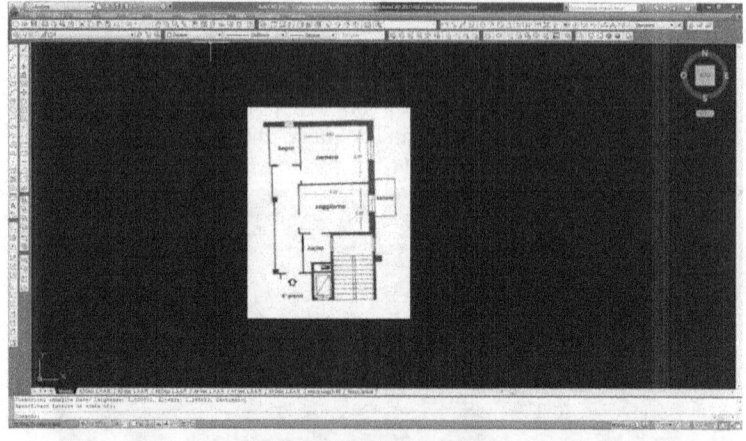

inserimento di un'immagine raster

Adesso vediamo come importare un'immagine all'interno dell'area di disegno, un po' come quando, su un foglio lucido, dovevi ricalcare un disegno esistente da mettere in bella.

Vai nel menu "Inserisci" e scegli "Riferimento immagine raster".

Nella finestra di dialogo, naviga tra le cartelle dove si trova il file da inserire (nello specifico quello che hai scaricato).

Ti consiglio di salvare in una cartella unica le immagini di riferimento e il file *.dwg che salverai.

Inserisci l'immagine in una scala che preferisci.

Noterai che (volutamente) i muri della casa non sono paralleli agli assi cartesiani di riferimento.

Non preoccuparti: potrai ruotarli con il metodo degli assi di riferimento.

Traccia due segmenti dallo spigolo del muro in alto a destra.

Il primo segmento (in celeste) parallelo all'asse delle x (usa il tasto ORTO), mentre il secondo (in rosso) coincidente con il muro.

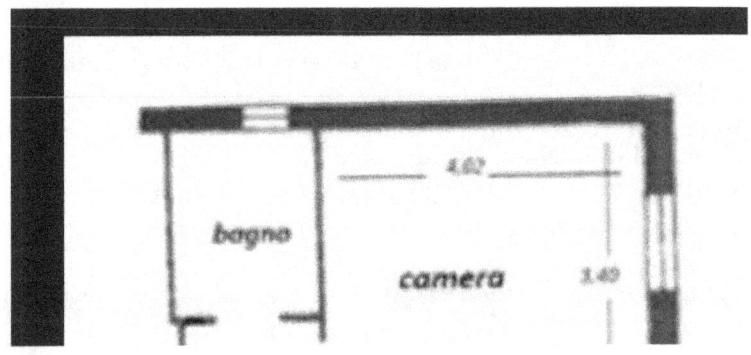

inserimento dei riferimenti

Seleziona l'immagine raster e clicca su "ruota".

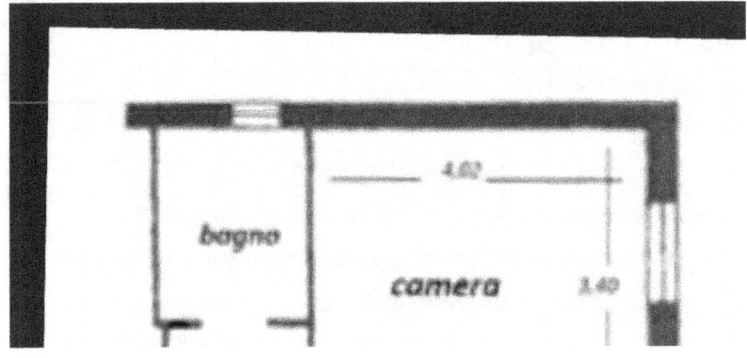

rotazione dell'immagine

47

Scegli l'intersezione fra i due segmenti colorati come centro di rotazione, quindi digita "R" e conferma col tasto destro.

Adesso seleziona due punti del segmento rosso (il muro storto) e conferma (il primo dei due è il centro di rotazione).

Infine digita un punto qualsiasi del segmento celeste e conferma.

L'immagine si è raddrizzata secondo il riferimento celeste. Puoi cancellare i due riferimenti.

Adesso crea un nuovo segmento di riferimento (lo vedi colorato in arancione in figura 50).

Sai che quella distanza dovrebbe essere 4,02 metri.

Seleziona l'immagine e clicca sull'icona "scala".

Ora clicca sul vertice sinistro del segmento come centro di scalatura.

Digita "R" e seleziona il punto precedente, poi il vertice destro e infine digita il valore 4,02.

Tutta l'immagine si riproporzionerà in modo che quel segmento diventi 4,02 metri.

Ecco il risultato.

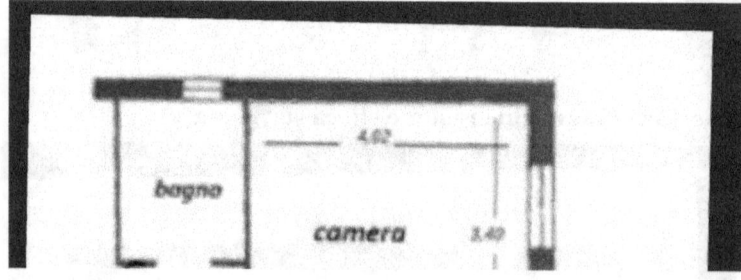

scalatura

Seleziona ora "Spline" e, click dopo click, ricalca l'intero perimetro esterno dei muri della casa.

Fai poi lo stesso con l'interno, i tramezzi etc.

Utilizza "sline", "rettangoli" e "linee".

In poche mosse dovresti riuscire a raggiungere questo risultato (per ora non preoccuparti dei colori che mi vedrai utilizzare).

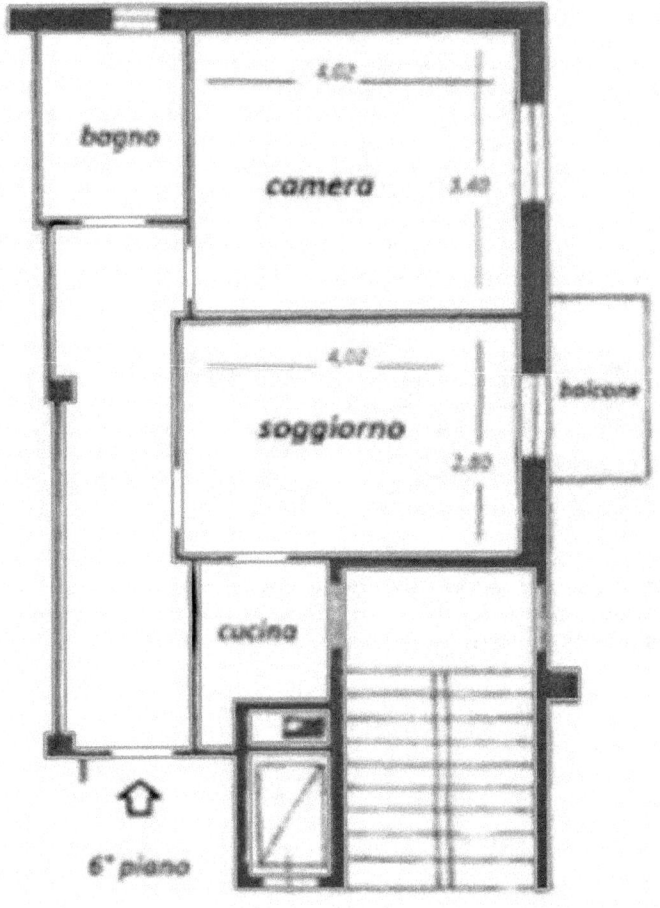

bagno

camera   3,40

4,02

soggiorno

4,02

2,80

balcone

cucina

6° piano

i muri ricalcati

Adesso ricalca le scale, l'ascensore e il cavedio.

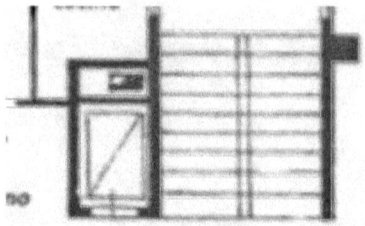

scale, ascensore e cavedio

Adesso esegui una campitura all'interno del triangolo del cavedio.

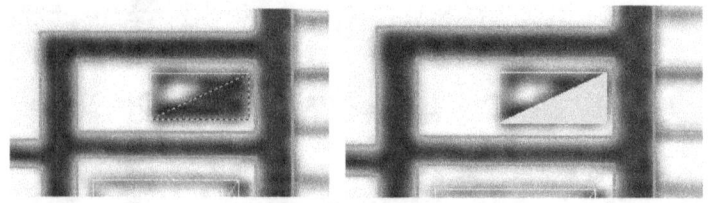

campitura del cavedio

Per realizzare le aperture delle porte, realizza dapprima dei segmenti perpendicolari al muro e poi esegui il comando taglia per i segmenti in eccesso.

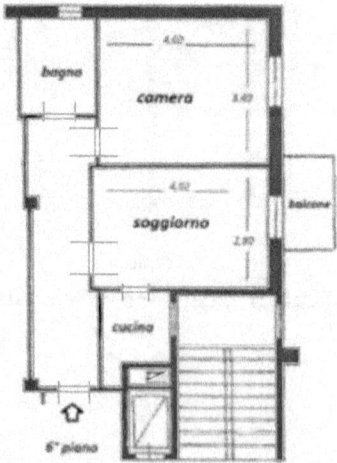

segmenti dei vani porte

50

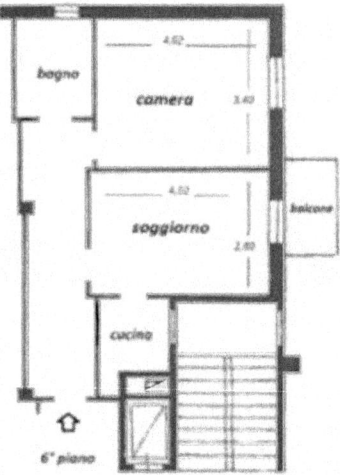

taglio dei segmenti delle porte

Per le finestre hai due opzioni:

1. **esegui le stesse operazioni delle porte e poi ricrea i segmenti in prospetto del davanzale e quello centrale che rappresenta il vetro, sfruttando l'OSNAP sul punto centrale;**

2. **esegui il comando "Spezza" nei punti tra muro e davanzale.**

Ricalca il balcone ed esegui un osnap di 5 centimetri (0,05) verso l'interno per dare spessore alla ringhiera.

Non ti resta che realizzare le porte.

Inizia con la prima porta in alto a sinistra (bagno).

Crea un segmento lungo quanto il vano aperto.

Ruotalo di 90° verso l'interno della stanza, facendo perno sul vertice destro.

Crea un cerchio il cui centro sia coincidente con il centro di rotazione e il diametro quanto il segmento della porta.

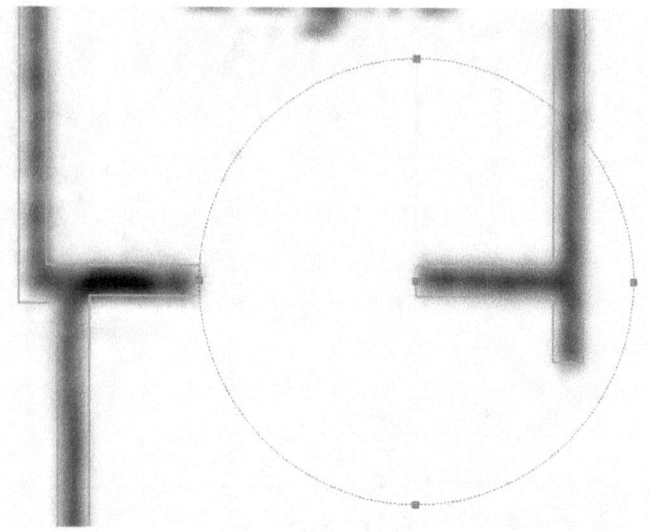

costruzione della porta

Seleziona la porta e il segmento di muro opposto. Questi due elementi taglieranno la porzione di circonferenza non utile.

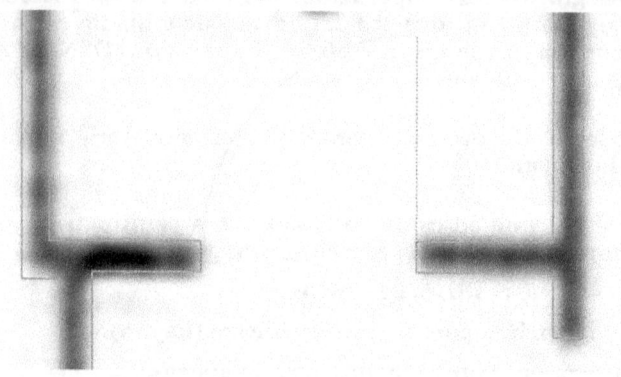

porta

Esegui la stessa operazione sulle altre porte.

A questo punto aggiungi i testi (bagno, camera etc.) scegliendo il carattere Arial corsivo e l'altezza 0,3.

Elimina infine il disegno originale.

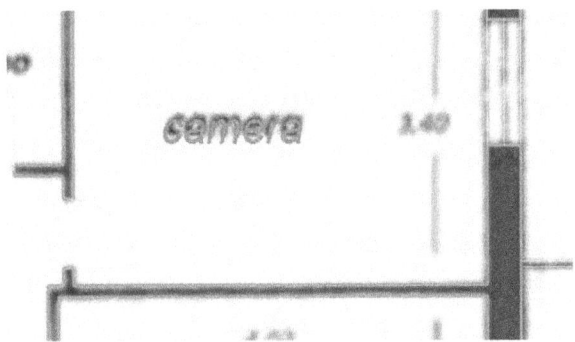

aggiunte dei testi

E questo è il risultato finale.

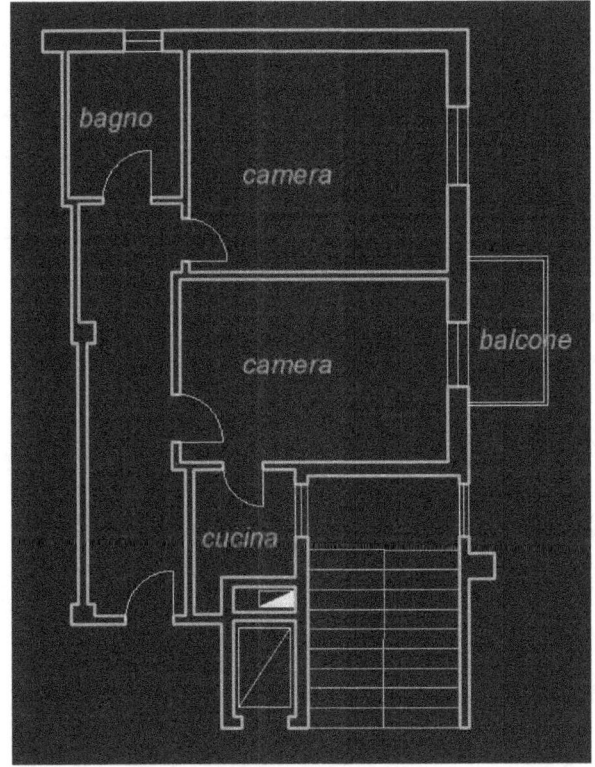

disegno completato

6

Impostazione dell'unità di misura del progetto

Come ti ho accennato prima, in AutoCAD, a differenza del disegno a mano, si disegna in scala 1:1.

Questo significa che non devi preoccuparti di calcolare la scalatura finale della tavola di presentazione del progetto mentre disegni.

L'unica cosa da fare però è definire all'inizio l'unità di misura del progetto, detta **unità corrente**, che nel nostro caso sarà quella metrica decimale.

A seconda del tipo di disegno deciderai nella "scala di inserimento" se utilizzare come unità i millimetri, centimetri, metri, o pollici.

Per impostare ciò vai nel menu "formato" e scegli unità, impostando la finestra di dialogo come nella figura qui sotto.

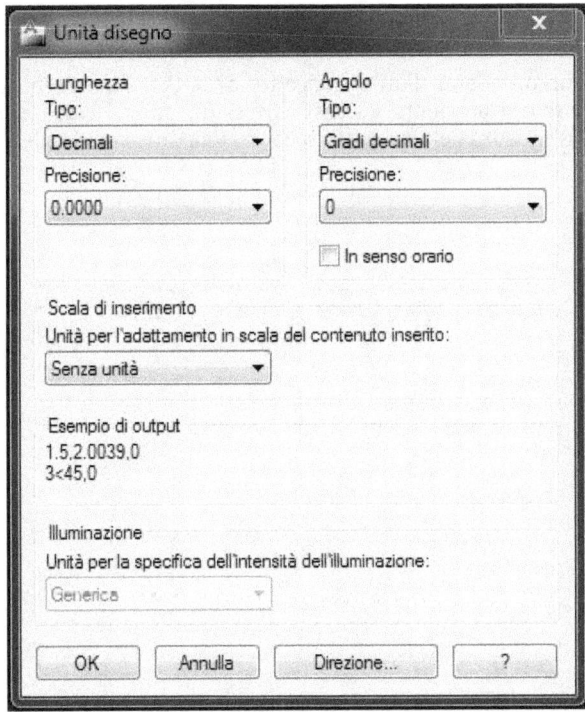

unità corrente del progetto

Salva le impostazioni nel template.

È essenziale che tu comprenda a fondo due concetti fondamentali:

1. l'unità base di AutoCAD ti sarà utile per scegliere la scala di stampa (che vedremo in seguito);

2. AutoCAD non sa cosa stai disegnando. Non è uno strumento parametrico, ma un semplice tecnigrafo, esattamente come lo era il tuo tavolo da disegno ai tempi in cui si usava la matita.

Nei prossimi capitoli, ti concentrerai su uno strumento importantissimo: i layer. Vedrai inoltre come impostare i pennini di stampa e i colori all'interno di un file detto *ctb*.

Prima, però, imparerai a personalizzare la tua interfaccia con gli strumenti più usati, a quotare un disegno e a usare le funzioni di *snap* e i *blocchi*.

Infine comprenderai l'utile concetto di UCS che ti consente di posizionare a piacimento gli assi cartesiani, un po' come quando si ruotava la squadra del tecnigrafo secondo una direzione locale.

7
Personalizzazione degli strumenti

Per prima cosa devi personalizzare gli strumenti della tua interfaccia, inserendo quelli che usi più di frequente.

Fai click con il tasto destro in un qualsiasi punto all'interno dell'area grigia laterale. Si aprirà un menu. Posiziona il mouse sulla scritta AutoCAD, aprendo un ulteriore lungo sottomenu.

Da questo clicca su UCS.

Comparirà una nuova barra comandi. Spostala e posizionala lateralmente o superiormente. Si aggancerà automaticamente al bordo dell'area di lavoro, liberando lo spazio.

barre degli strumenti

Per facilitarti la scelta ti consiglio di attivare dal menu le seguenti barre comandi e strumenti:

- Disegna

- Edita

- Interroga

- Layer

- Layer II

- Ordine di Visualizzazione

- Proprietà

61

- Quotatura

- Standard

- UCS

Ti consiglio inoltre di posizionare tali barre in modo ordinato attorno all'area di disegno centrale, con metodo, in modo da poter richiamare funzioni e comandi in modo veloce e ordinato.

Ecco un esempio di come potresti posizionare le barre degli strumenti.

Per analizzare le funzioni aggiuntive, imposteremo un nuovo esercizio.

ESERCIZIO: DISEGNO DI UN BULLONE CON UN DADO

AutoCAD è un ottimo strumento per il disegno tecnico. È molto semplice disegnare progetti e anche dettagli costruttivi a diversa scala di precisione.

Vediamo come disegnare un bullone con una vite.

Innanzitutto serve un riferimento.

Copiare è il modo migliore per non commettere errori.

Procurati un bullone e un dado, oppure ricercane un'immagine su internet.

bullone e dado

Il bullone è composto da una testa esagonale, un collo liscio e un corpo filettato.

Occorre decidere come voler rappresentare il disegno. La soluzione più chiara è in pianta e in prospetto. Procurati un righello per misurare le parti del bullone e disegna un esagono.

Clicca su *Poligono* e imposta a 6 il numero dei lati.

Specifica il centro di esso in un punto dell'area di disegno e seleziona l'opzione *Inscritto nel cerchio*, in modo che i vertici siano tangenti al cerchio che contiene l'esagono.

Adesso trascina il vertice. L'inspector di aggiornerà sulla distanza dal centro in tempo reale. Digita 1 e conferma con Enter.

Hai impostato in modo parametrico 1 come raggio del cerchio in cui l'esagono è inscritto.

Come ricorderai, l'unità di misurà la decidi tu; in questo caso "1" sarà "1 centimetro".

Quindi l'esagono avrà un diametro massimo di 2 centimetri.

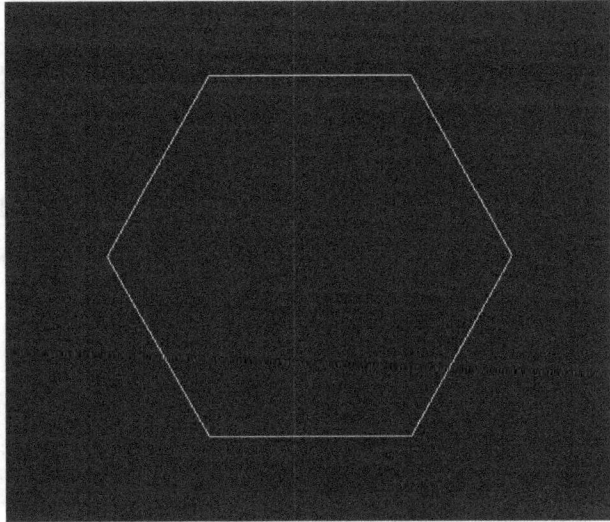

l'esagono

Principali pulsanti di controllo

Prima di proseguire, introduciamo alcuni nuovi concetti essenziali, in particolare le funzioni dei pulsanti Orto, Snap e Osnap, posti nella barra inferiore dell'area di lavoro.

pulsanti di controllo

Orto è molto importante, e si richiama con il pulsante [icon] o con la *shortcut* F8.

Permette di disegnare oggetti lineari, come linee e polilinee, direttamente in modo ortogonale, forzando il parallelismo con l'asse delle x o delle y.

Snap (pulsante [icon] o (*shortcut* F9), non è molto usato e forza il posizionamento di un oggetto o di un punto di esso sul punto più vicino della griglia, che si può attivare o meno con il tasto [icon] o con la *shortcut* F7.

Snap di una linea sulla griglia

Osnap (o snap a un oggetto) forza il posizionamento di un punto di un oggetto su un punto specifico di un secondo oggetto.

Si attiva con il tasto 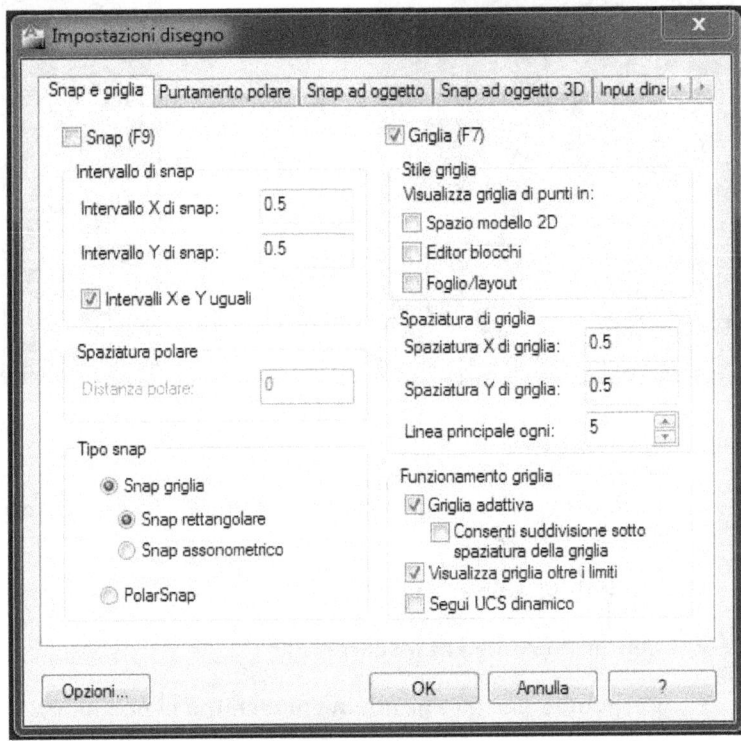 o con la shortcut F3.

Cliccando con il tasto destro sul pulsante della barra comandi, si aprirà una finestra in cui è possibile determinare le impostazioni dei comandi stessi, come l'intervallo di snap oppure i vincoli dell'osnap.

Impostazioni di disegno

In particolare, la scelta delle impostazioni di Osnap è più dettagliata cliccando sul pulsante Osnap con il tasto destro e attivando, una per una, le opzioni di snap a oggetto più utili.

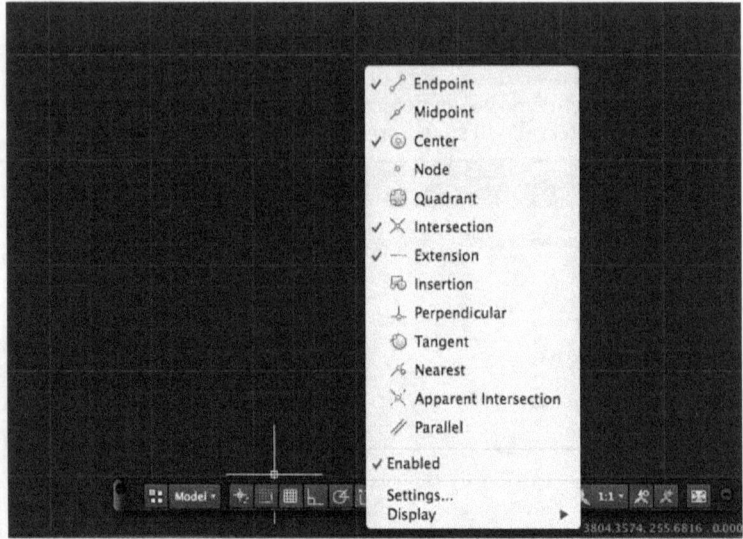

Snap a oggetto

Consiglio di attivare:

- **Endpoint (che aggancerà sull'ultimo punto di un oggetto).**

- **Midpoint (sulla sua mezzeria).**

- **Center (al centro di un cerchio).**

- **Perpendicular (sul punto in cui termina la normale).**

- **Tangent (sul punto di tangenza ad una curva).**

- **Paralel (su un punto parallelo ad una retta prossima).**

Torniamo all'esagono e al bullone.

Tracciamo un segmento unendo due vertici opposti dell'esagono.

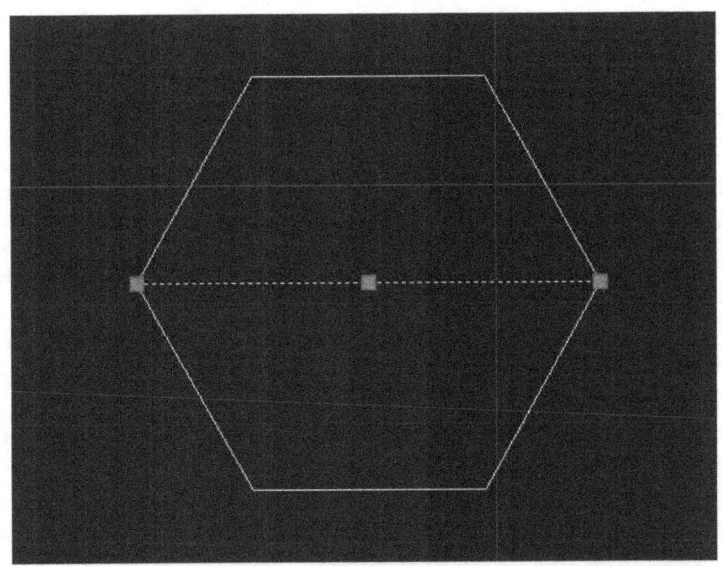

tracciamento di un segmento

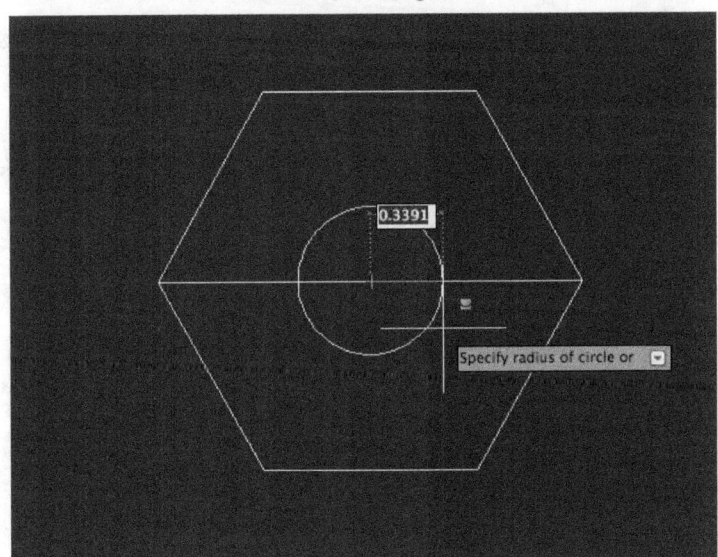

cerchio al centro dell'esagono

Seleziona ora *Cerchio* e punta sulla mezzeria del segmento. Il centro del cerchio si aggancerà immediatamente sul triangolino verde. Clicca per confermare e imposta a 0,5 come raggio del cerchio, quindi conferma di nuovo.

Cancella il segmento guida.

Ogni *Osnap* viene rappresentato di volta in volta da una piccola icona verde: il triangolo per la mezzeria, il quadrato per il punto, il doppio triangolo per la tangenza, il cerchietto per il centro etc. Imparare a riconoscerli è molto utile per velocizzare le operazioni di snap.

Salva le impostazioni scelte in *File – Salva con nome*. Seleziona *.dwt* come estensione e nomina il file con il tuo nome.

Nelle Opzioni imposta come *tuonome.dwt* il modello di apertura di AutoCAD.

Per rappresentare le smussature degli angoli, devi realizzare un nuovo cerchio, concentrico al precedente e tangente alla mezzeria di uno dei lati dell'esagono. Prova a farlo, gettando un occhio alle icone di osnap.

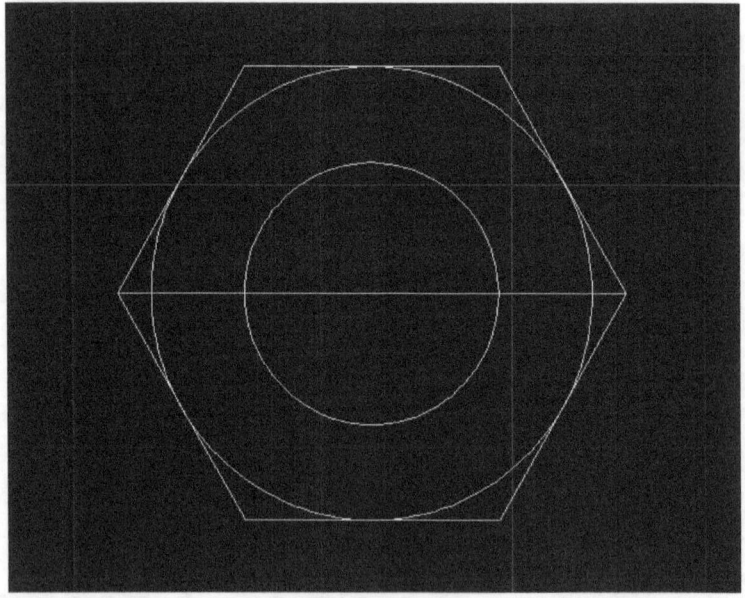

cerchio tangente ai lati dell'esagono

Cancella infine il segmento guida.

Osservando il bullone dal vivo, devi considerare ora che oggetti così spigolosi in natura sono assai improbabili. Gli spigoli e i vertici della testa del bullone, ad esempio, sono lievemente smussati.

Benché sia un disegno tecnico, è consigliabile realizzarlo in modo più preciso e gradevole.

Seleziona lo strumento di modifica *Raccorda*, digita Ra e conferma, quindi inserisci il raggio di curvatura pari a 0,03. Conferma ancora. Seleziona due lati contigui dell'esagono, in corrispondenza del vertice, quindi conferma.

Lo spigolo si smusserà di un angolo di curvatura di 0,03 centimetri.

Ripeti la stessa operazione sugli altri 5 vertici.

smussatura di uno spigolo con *Raccorda*

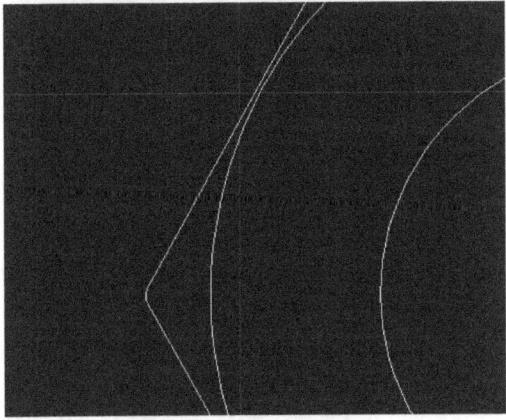

scalatura del cerchio maggiore

Nella realtà, infine, il punto di tangenza del cerchio più grande non è così netto.

Seleziona il cerchio maggiore, attiva *Scala* e clicca sul centro del cerchio.

Conferma e digita 0,95 per scalare di un 5% il raggio del cerchio.

Passa adesso al prospetto del bullone.

Traccia una linea di costruzione orizzontale passando per il centro del cerchio, quindi due linee di costruzione verticali laterali che passino per l'intersezione tra la linea di costruzione orizzontale e le smussature degli spigoli.

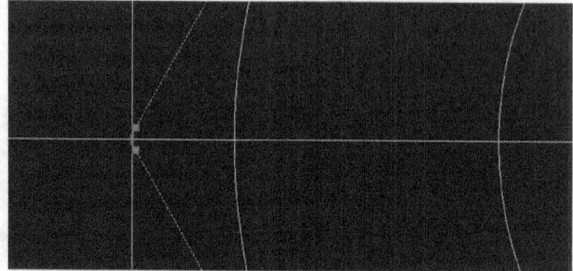

linee di costruzione

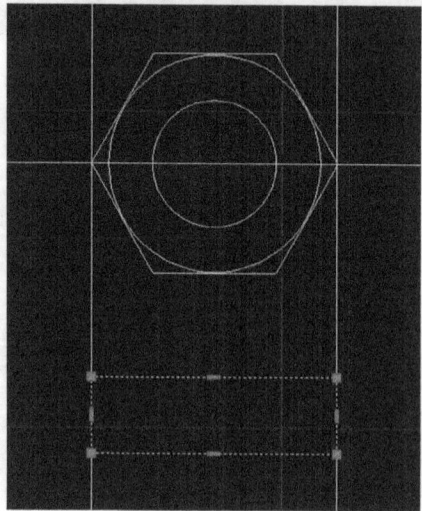

rettangolo

Costruisci un rettangolo, esterno alla pianta del bullone, largo quanto la distanza tra le due linee di costruzione verticali e alto 0,6 centimetri.

Realizza altre due linee di costruzione verticale passanti per il centro delle smussature interne.

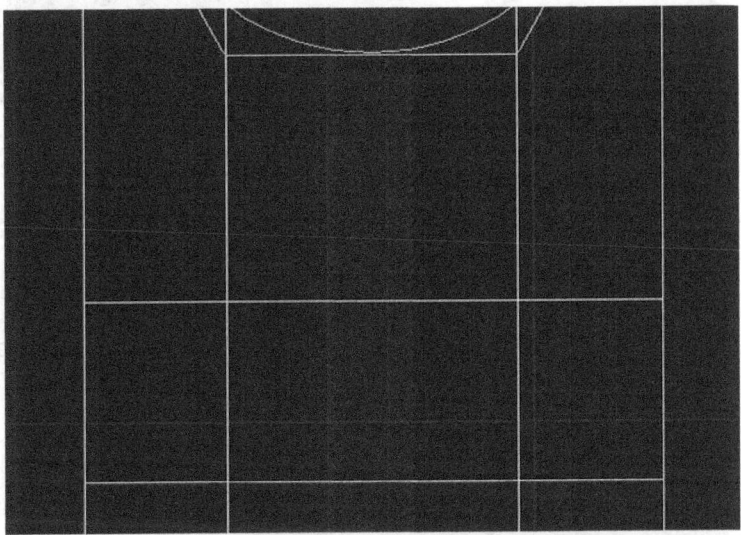

linee di costruzione verticale

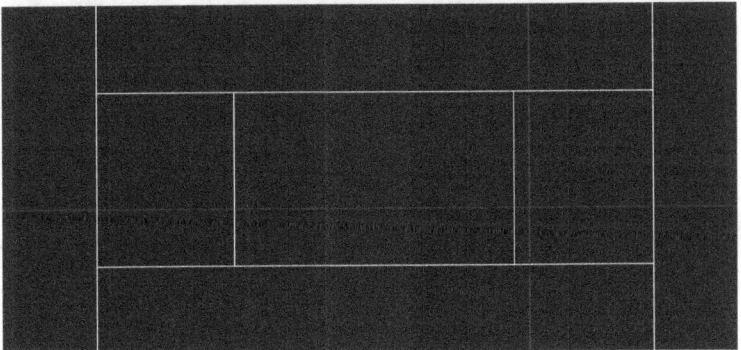

taglio delle linee di costruzione in eccesso

Seleziona il comando *Taglia* e (ricorda la domanda: *Chi taglia cosa?*) elimina le parti di linee di costruzione centrali esterne al rettangolo.

Elimina ora le linee di costruzione laterali.

Crea due nuove linee di costruzione verticali passanti per il centro dei segmenti dell'esagono.

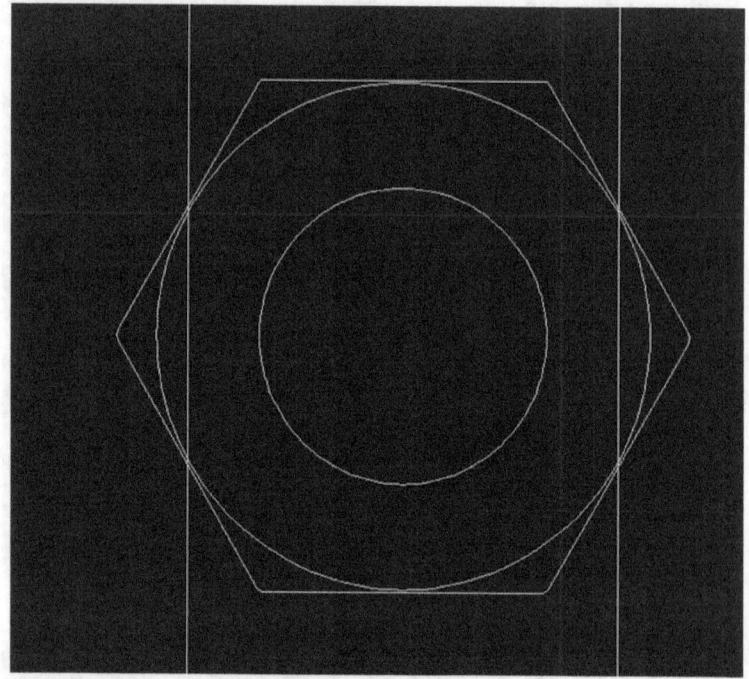

nuove linee di costruzione

Seleziona ora il comando *Spezza in un Punto*.

Seleziona il rettangolo nel punto d'intersezione tra linea di costruzione e sé stesso, quindi conferma.

In questo modo avrai spezzato in due parti il rettangolo in corrispondenza dell'intersezione tra la linea di costruzione e il rettangolo stesso.

Esegui la stessa operazione negli altri tre punti di intersezione.

Seleziona il vertice superiore destro e abbassalo di 0,01.

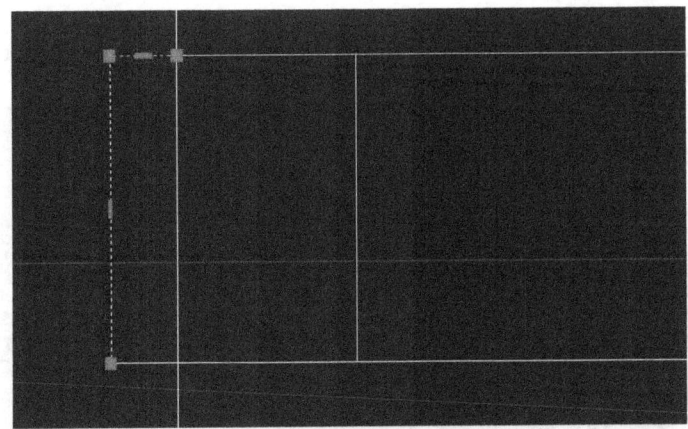

spezzare in un punto il rettangolo

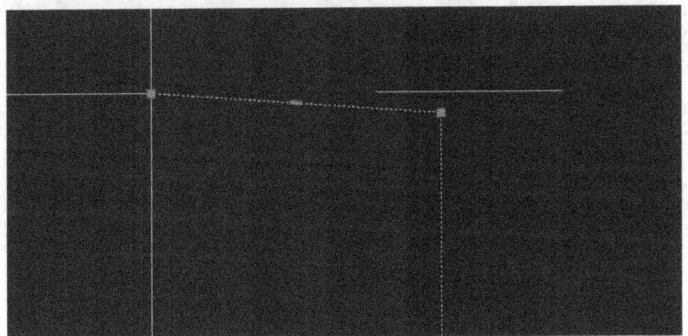

spostamento verso il basso del vertice esterno

Esegui la stessa operazione con il vertice opposto.

Infine alza i due vertici inferiori della stessa quantità, ottenendo una immagine simile al disegno rappresentato in figura di seguito.

spostamento dei 4 vertici esterni

Traccia ora nuove linee di costruzione: una verticale passante per il centro dell'esagono e due orizzontali passanti per i nuovi vertici spostati del rettangolo modificato.

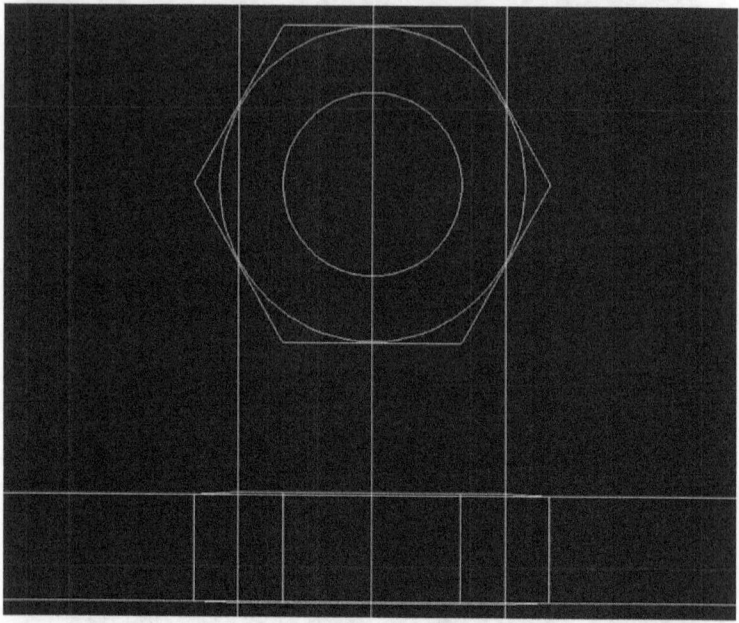

nuove linee di costruzione

Traccia due nuovi segmenti (rappresentati in celeste in figura 22) passanti per le intersezioni delle linee di costruzione.

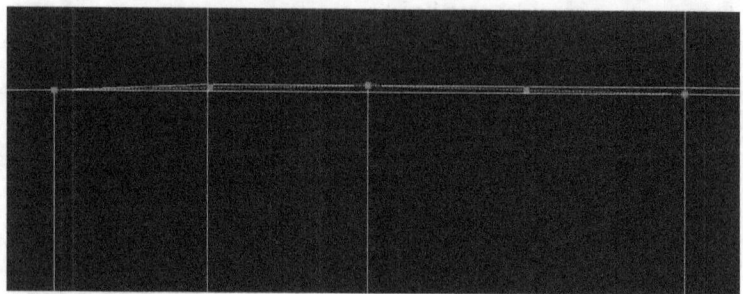

nuovi segmenti

Seleziona i nuovi segmenti e specchiali prima in senso verticale e poi orizzontale rispetto ai punti centrali del rettangolo.

Elimina quindi le linee di costruzione verticali esterne e quelle orizzontali.

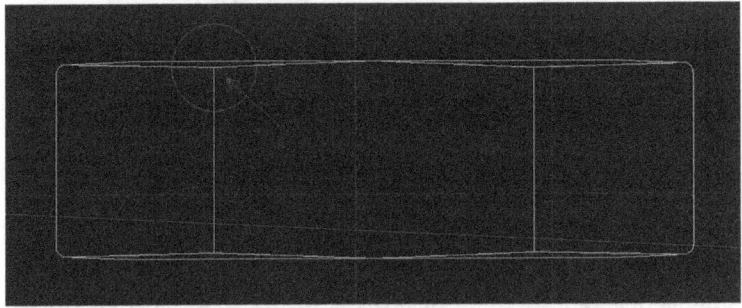

specchiatura dei segmenti e cancellazione delle linee di costruzione

Seleziona i segmenti centrali e taglia le parti esterne della linea di costruzione verticale rimasta.

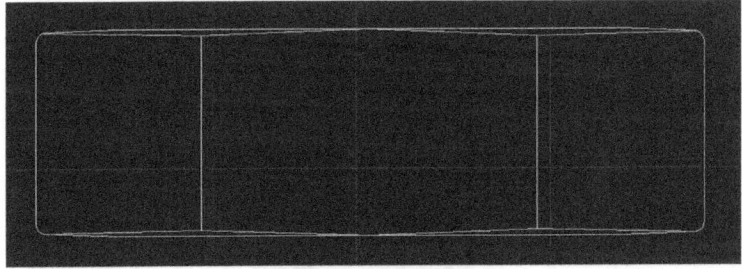

la testa del bullone in prospetto

Seleziona ora i segmenti angolari esterni e smussali, quindi elimina i segmenti in eccesso con il comando *Taglia*.

La testa del bullone in prospetto è completata.

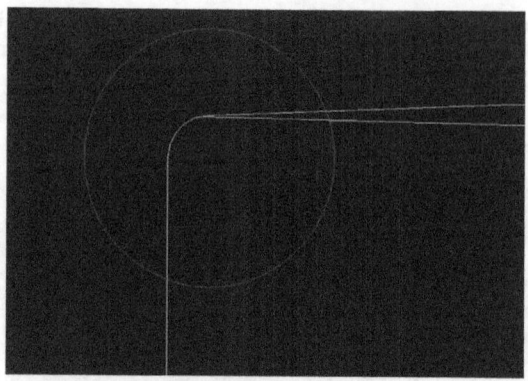

smussatura dei vertici esterni

Passiamo ora al corpo.

Per realizzarlo bisogna osservare molto bene la filettatura e misurarne il passo con il righello.

Crea un Rettangolo di dimensioni $x = 1$; $y = 6$ e posizionalo in modo che la mezzeria del lato superiore coincida con la mezzeria del lato inferiore della testa del dado in prospetto.

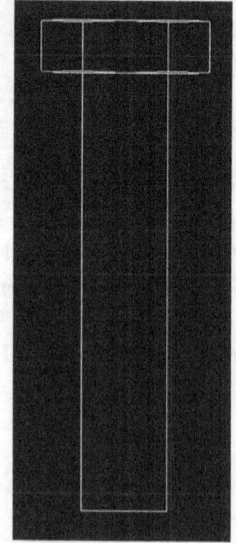

costruzione del corpo del bullone

Deseleziona momentaneamente *Orto* con F8 e traccia un segmento lievemente inclinato.

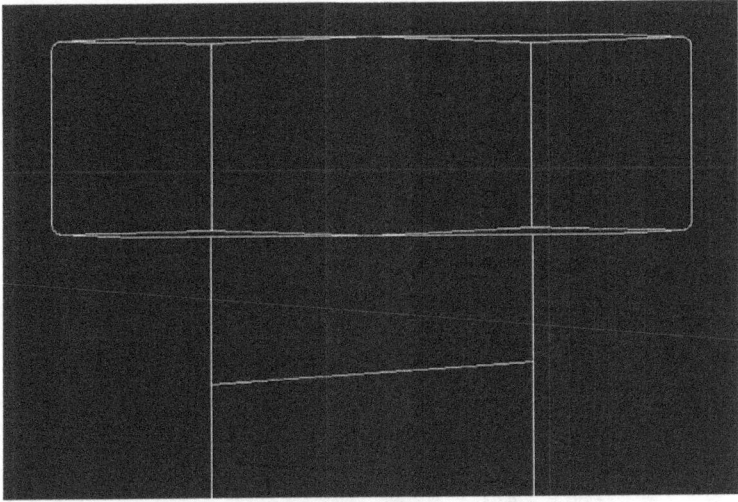

creazione della filettatura

Copia verso il basso il segmento di 0,02. Copia ancora il risultato di 0,007.

Copia l'ultimo segmento di 0,07.

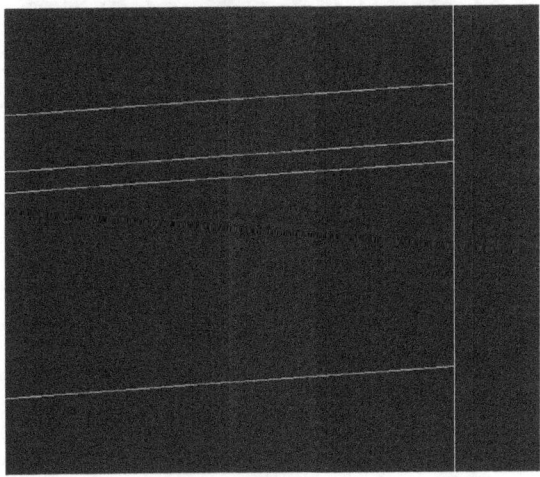

copie multiple del segmento

Copia infine l'ultimo segmento verso il basso di 0,007.

Crea ora quattro piccoli segmenti come in figura 29.

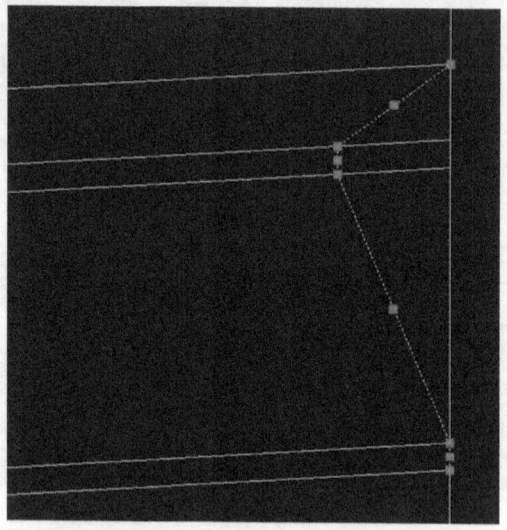

creazione dei quattro segmenti

Seleziona il piccolo segmento verticale superiore e usalo per tagliare i due segmenti centrali della filettatura.

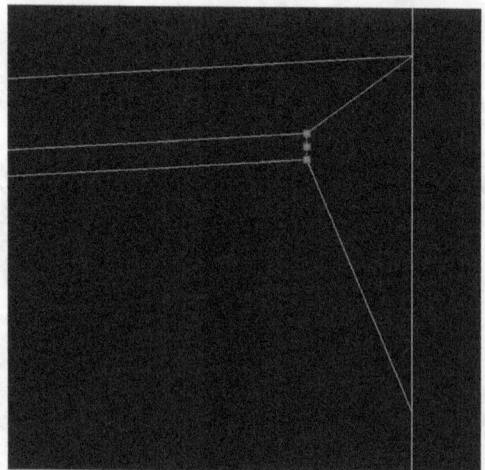

taglio ed eliminazione dei segmenti della filettatura

Seleziona il piccolo segmento centrale e specchialo rispetto alla verticale passante per il centro del dado.

Allunga la copia specchiata in modo da intersecare i segmenti diagonali della filettatura.

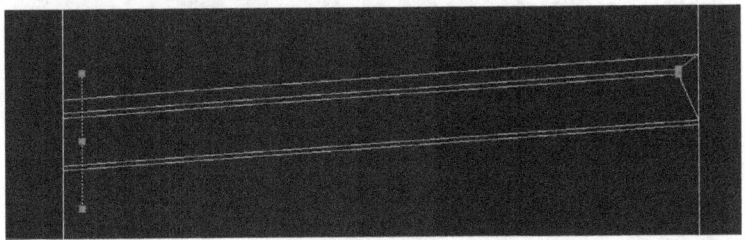

specchiatura segmento

Unisci ora i punti di intersezione creando quattro segmenti sul lato sinistro del corpo filettato.

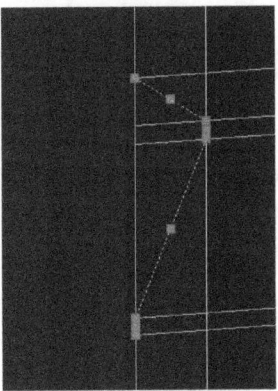

segmenti filettatura laterale sinistra

Cancella quindi il segmento in basso della filettatura e taglia le parti in eccesso sul lato sinistro dei segmenti della filettatura.

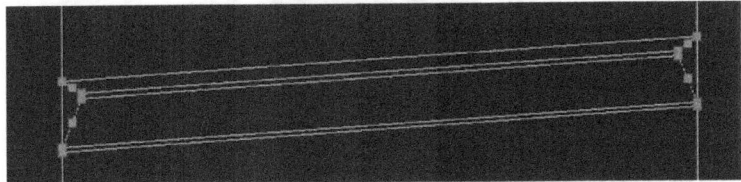

filettatura base completata

79

Seleziona tutti i segmenti e clicca sul pulsante *Serie*.

Nella finestra imposta 41 righe, 1 colonna, -0,107 distanza tra le righe e 0 gli altri parametri.

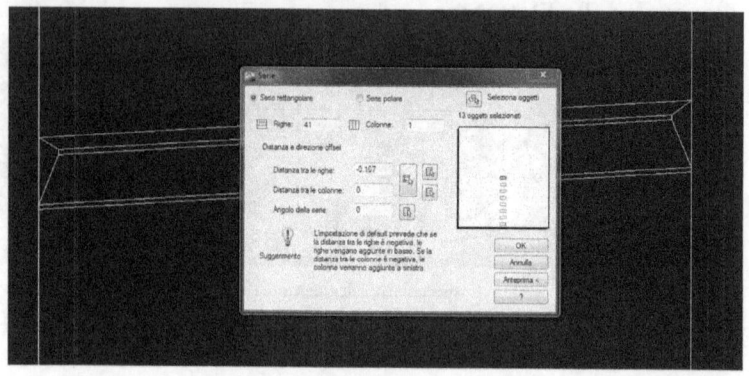

serie dei segmenti

La *Serie* così impostata crea 41 copie della selezione in senso verticale e verso il basso (segno meno) con uno snap di 0,107, distanza fra i due punti estremi in verticale del blocco filettatura.

Il risultato è il seguente:

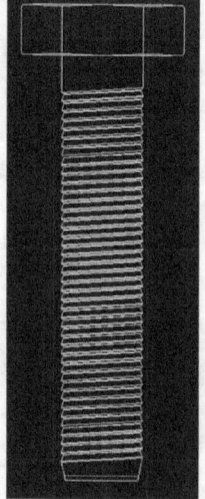

risultato della serie

Seleziona adesso i due segmenti della filettatura superiore e inferiore e usali per tagliare le parti di rettangolo in eccesso che costituiscono l'ingombro massimo del corpo del dado.

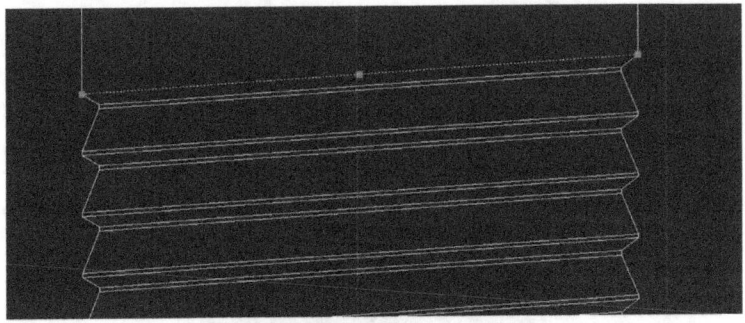

eliminazione delle parti in eccesso del rettangolo

Non rimane che spostare verso l'interno i vertici dell'ultimo tratto del corpo di 0,05 e aggiunger un piccolo rettangolo smussato nella parte inferiore.

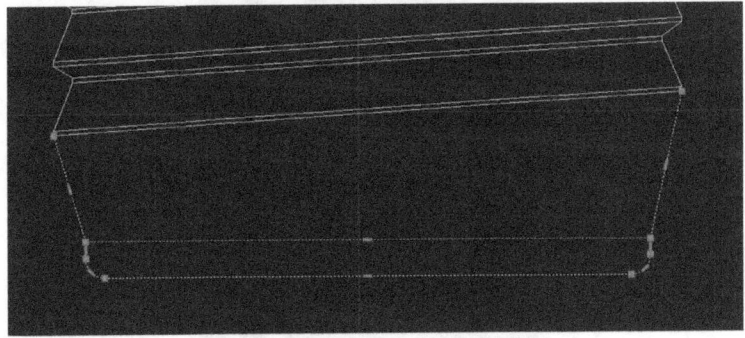

completamento della parte inferiore del corpo

Blocchi

Seleziona adesso tutto il corpo filettante e clicca sul pulsante *Crea blocco* .

Assegna un nome al blocco "corpo", ottenendo un unico oggetto selezionabile.

Il blocco è uno strumento utilissimo in quanto, oltre a semplificare le selezioni di una gruppo di oggetti, modificandoli in un solo colpo, ad esempio, ti consente di crearti delle vere e proprie librerie di oggetti che potrai richiamare come se fossero un catalogo di elementi comuni.

Cliccando due volte sul blocco con il pulsante *Esplodi* ![icona], potrai tornare agli elementi separati originali.

Naturalmente puoi creare blocchi di blocchi successivi, ad esempio: blocco sedia, blocco di 4 sedie, blocco del tavolo, blocco tavolo e 4 sedie.

Quando esploderai il blocco "tavolo e 4 sedie" otterrai un blocco "tavolo" e un blocco "4 sedie" e così via.

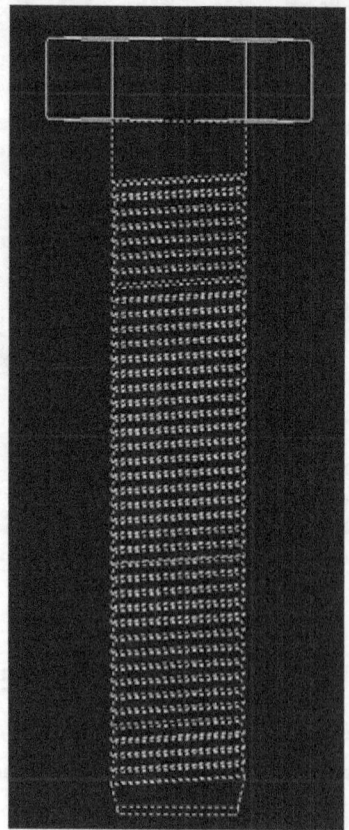

il blocco "corpo del dado"

Analogamente potrai creare il blocco "testa del dado", "dado in pianta" etc.

Crea adesso il dado. Copia la testa del dado e trascinala sotto al corpo. Quindi esplodila.

Crea una linea di costruzione orizzontale nella mezzeria del futuro dado.

Spezza i 4 segmenti verticali del dado in corrispondenza dell'intersezione con la linea di costruzione.

Seleziona gli elementi inferiori e spostali verso il basso di 0,15.

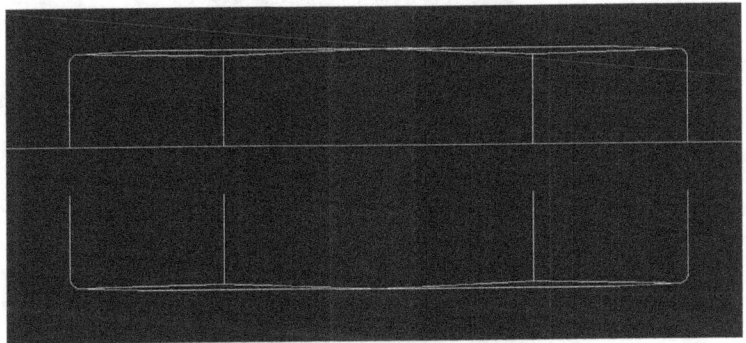

modifica della testa del bullone e trasformazione in dado

Seleziona ora il comando *Estendi*.

Come ricorderai, la domanda è *Fino a dove cosa?*

Seleziona la linea di costruzione orizzontale, conferma e seleziona tutti i segmenti verticali del dado.

Cancella infine la linea di costruzione.

Seleziona l'intero dado e clicca sul pulsante blocco, creando il blocco "dado".

Il risultato finale è quello rappresentato in figura.

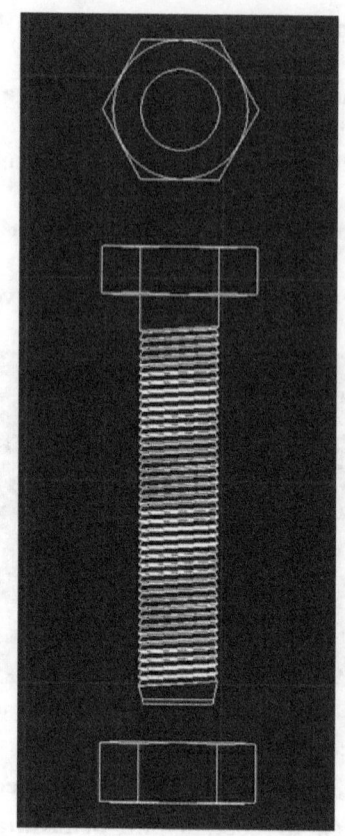

bullone e dado completati in pianta e prospetto

8
UCS

Per UCS si intende il sistema di coordinate universali (Universal Coordinates System).

Questo può essere modificato a piacimento in caso di necessità, ruotando ad esempio il sistema globale di coordinate cartesiane, assegnando a uno dei tre assi (di conseguenza gli altri si adegueranno) una direzione precisa lungo un segmento noto e così via.

Per gestire ciò basta scegliere il tipo di UCS dalla barra strumenti UCS.

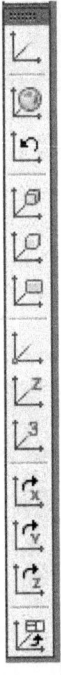

barra UCS

Vediamo nel dettaglio i vari simboli, dall'alto verso il basso rispetto alla figura sopra.

Il primo permette di posizionare manualmente (o a mezzo di *Osnap*) l'asse delle *x*.

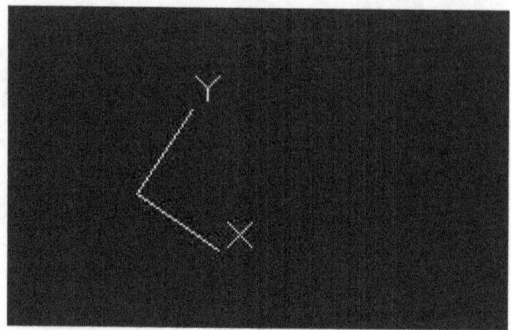

UCS libero

Il secondo (con il mondo) ripristina il sistema globale originale.

Il terzo, dopo una selezione di vari UCS torna, come un *undo*, al precedente.

Il quarto è utile per la versione 3D, assegnando l'asse *z* come normale a una faccia selezionata. Non tratteremo questo argomento in questi ebook.

Il quinto allinea l'UCS a un oggetto selezionato.

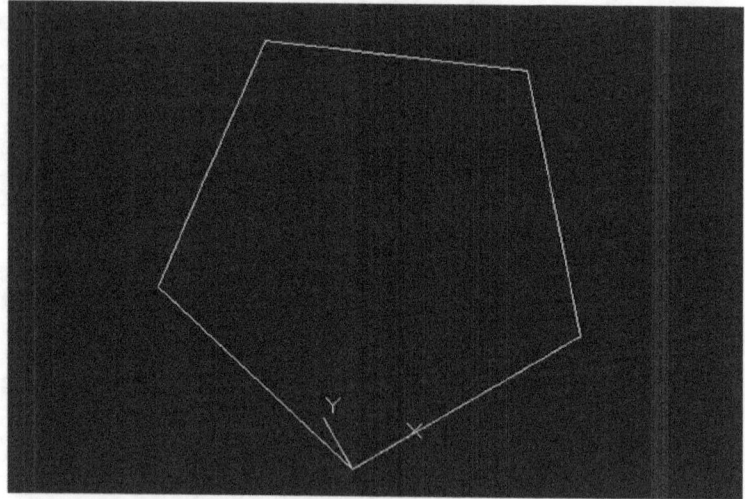

UCS a un oggetto

Il sesto lo allinea alla vista corrente, funzione, questa, utile nel 3D.

Il settimo sposta il nuovo UCS secondo un nuovo punto di origine.

Importante: gli ultimi si riferiscono a posizionamenti dell'UCS secondo viste 3D specifiche e non verranno trattate in questa sede. Dal momento in cui si sceglie un nuovo sistema di assi cartesiani, tutte le costruzioni seguiranno il nuovo UCS.

Ad esempio, ruotando l'UCS, volendo costruire un rettangolo, questo verrà allineato secondo le nuove direzioni degli assi.

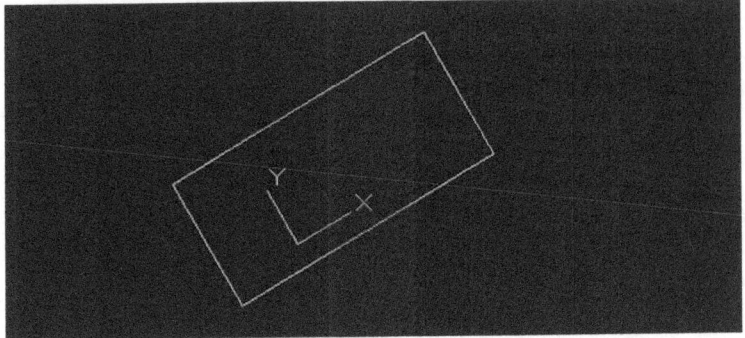

l'inserimento degli oggetti segue l'UCS

9

Lavorare con i layer
e i ctb

Imparare a lavorare correttamente con i layer renderà il vostro disegno più pulito, ordinato e di facile comprensione.

Cosa sono i layer?

Sono dei veri e propri livelli, che possono essere utilizzati in modo completamente libero dall'utente.

Alcuni oggetti di un disegno possono essere raggruppati in un determinato layer secondo un certo elemento comune, fosse questo ad esempio il materiale, l'elemento architettonico, il colore o il componente.

È importante decidere dall'inizio come raggruppare tra loro i vari oggetti e secondo quale criterio.

Quando si lavora in architettura, di solito, si tende ad assegnare ai layer la funzione di "elemento architettonico", come muri, finestre, vetri, porte, arredi, quote, etc.

Questo permetterà di visualizzare separatamente i vari elementi, attivarli e disattivarli, stamparli o meno a seconda delle necessità.

I layer si differenziano tra loro per colore, ma attenzione: a un determinato colore non è detto che debba necessariamente corrispondere lo stesso colore anche nella stampa! Anzi, di solito è il contrario: tutti i layer vengono impostati come nero in stampa, tranne alcuni che vengono appositamente impostati come layer colore, ad esempio per campiture colorate, tratti e linee di cui è necessaria la stampa a colori.

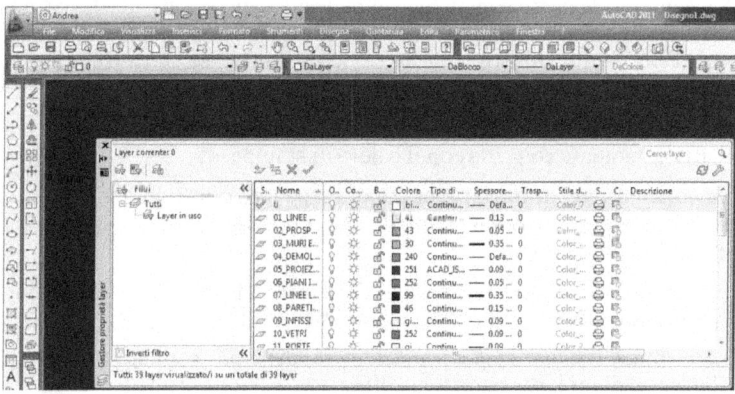

barra e pannello di gestione Layer

Come si gestiscono i layer?

Attraverso il pannello *layer* richiamabile dalla barra di gestione.

La barra è composta dal pulsante a sinistra che richiama il pannello di gestione e da un menu a tendina con la lista di tutti i layer presenti e creati nel file, in cui quello visibile è selezionato come attivo.

Ciò significa che ogni disegno verrà automaticamente inserito nel layer indicato nella barra.

Sarà sufficiente selezionarne un altro per iniziare a disegnare in un nuovo layer.

Selezionando uno o più oggetti appartenenti a un layer e cambiando il layer dalla barra omonima, questi oggetti saranno assegnati al nuovo layer.

Nel pannello di gestione è possibile creare un nuovo layer, cancellarne altri o selezionare il layer corrente con i seguenti pulsanti:

.

Il pannello è composto da alcune colonne.

Nella prima colonna sono contenuti i layer con i nomi che gli vengono assegnati.

Le due colonne successive, *On* e *Congela*, servono rispettivamente ad attivare o disattivare il layer selezionato nel disegno e a congelarlo o scongelarlo in tutte le finestre del progetto.

Selezionando queste opzioni, tutti gli oggetti facenti parte quel layer non verranno visualizzati né stampati.

La colonna *Bloccato* con il lucchetto rende gli oggetti del layer non modificabili e quindi fissi nel disegno fino a che questa opzione rimarrà attiva (lucchetto chiuso). Questo impedisce accidentali cancellazioni o spostamenti o modifiche di un oggetto definitivo.

La colonna *Colore* indica il colore (visivo) del layer e non necessariamente coincide con il colore di stampa.

La colonna *Tipo di linea* permette di assegnare a tutti gli oggetti di un layer un segno continuo piuttosto che un determinato tratteggio (ad esempio punto linea).

La colonna spessore assegna agli oggetti di un layer un determinato spessore del pennino, espresso in millimetri.

La colonna *Trasparenza* permette di rendere più o meno trasparenti gli oggetti di un layer rispetto ad altri.

La colonna *Stile di stampa* permette di definire il reale colore di stampa di quel determinato layer, mentre la colonna*Stampa* definisce se un layer vada stampato o meno.

Queste ultime due opzioni sono molto importanti in funzione dell'impaginazione e del disegno finale.

Esse vengono definite in un particolare file detto *ctb* che si crea e richiama dalla finestra di stampa (*File – Stampa*).

La prima cosa da fare è quindi creare una lista completa e definitiva (da salvare come visto in precedenza nel modello di apertura di AutoCAD, file *tuonome.dwt*) di tutti i layer necessari ai nostri lavori, a seconda dell'uso che faremo.

Possiamo creare anche più modelli *.dwt* in base al tipo di lavoro (architettura, componentistica...) con layer differenti.

In alto a destra della finestra *Stampa – Modello*, si definisce la stampante (o la stampante virtuale in pdf), l'area o gli elementi da stampare, la scala di stampa, le dimensioni del foglio e appunto le impostazioni del *ctb*, quindi principalmente gli spessori e i colori dei layer e dei pennini ad essi associati.

Cliccando sul pulsante a destra della casella *Tabella Stili di Stampa*, possono essere assegnati colore, tratteggio, spessore pennino e altre funzioni a ogni layer.

La prima cosa da fare è selezionarli tutti tenendo premuto SHIFT e assegnando il colore nero.

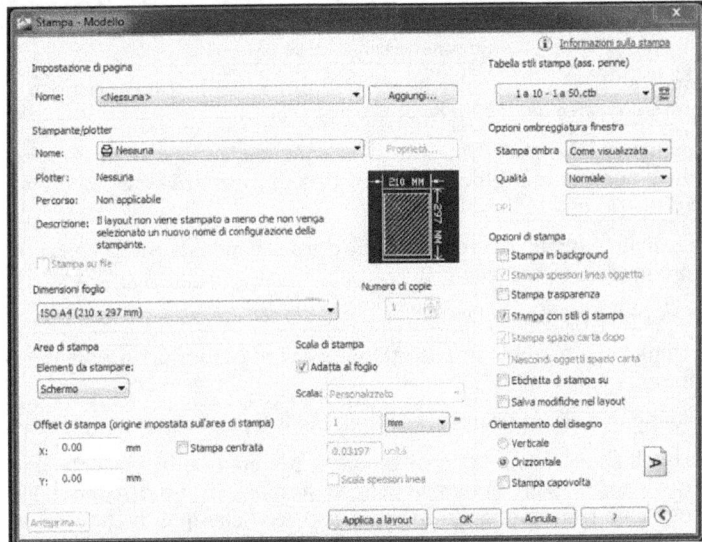

la finestra *Stampa - Modello*

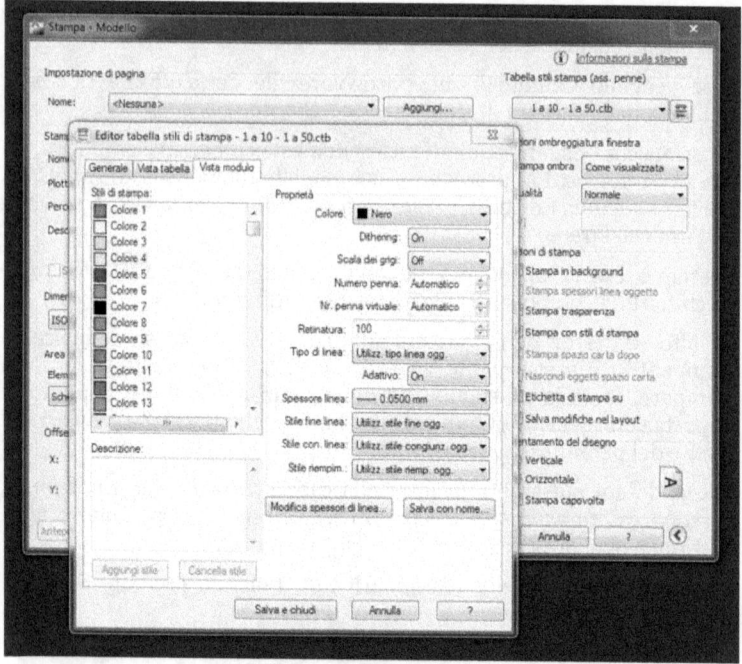

assegnazione dei parametri nei layer del *ctb*

Quindi si devono singolarmente definire tutte le caratteristiche del pennino e tratto dei layer che abbiamo creato.

Alla fine del lavoro si effettua il salvataggio cliccando su Salva con nome e nominando il file secondo il tipo di caratteristiche, ad esempio *"scala1a100.ctb"*.

Il consiglio è quello di creare più file *ctb* a seconda di quella che sarà in futuro la scala di stampa.

Ti spiego il perché.

Mettiamo che tu abbia impostato un pennino per i muri sezionati a 0,4 millimetri.

In stampa verrà applicato un tratto di quello spessore.

Ma quello spessore (0,4 mm) è adatto per stampe in scala da 1:50 a 1:200, a voler essere generosi. Se devi stampare il tuo disegno in scala 1:500, oppure un dettaglio in scala 1:5, ecco che quel tratto non sarà più ottimale.

Dovrai quindi crearti diversi file *ctb*, rinominandoli chiaramente per poter essere facilmente richiamati e riconosciuti, in funzione delle varie scale di stampa.

Una considerazione importante: quando crei un blocco di diversi oggetti, il nuovo blocco sarà creato sotto il layer attivo ma non assegnerà le impostazioni di colore, spessore e tratteggio a tutti gli oggetti contenuti in esso, anche se di diversi layer, che conserveranno le loro caratteristiche di stampa e colore.

Tuttavia, disattivando il layer del blocco, tutti gli oggetti contenuti in esso, non verranno né visualizzati né stampati.

È possibile infine modificare parzialmente le caratteristiche di un determinato oggetto (sotto a un layer), senza modificare queste caratteristiche al layer intero.

Con l'oggetto selezionato, puoi cambiare parzialmente colore, spessore o tratteggio, scegliendoli nei menu a tendina accanto alla barra layer.

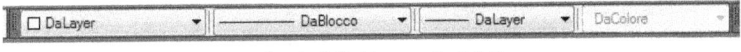

gestione locale delle impostazioni dei layer

Mi raccomando vivamente di **non utilizzare mai tale funzione al posto dei *ctb***, come spesso si vede fare in giro da persone che conoscono male questo programma.

Ordine di visualizzazione

Concludiamo questo capitolo parlando dell'ordine di visualizzazione , le cui funzioni sono contenute nella barra omonima.

Questi pulsanti permettono di posizionare i vari oggetti avanti o indietro rispetto ad altri e rispetto la vista corrente.

Questo è utile, in caso di pennini di differente colore o in caso di oggetti con campiture, per dare una gerarchia di visualizzazione (in caso di sovrapposizione).

Il primo pulsante porta tutti gli oggetti selezionati avanti agli altri.

Il secondo li porta dietro.

Il terzo porta avanti gli oggetti selezionati davanti a un oggetto di riferimento.

Il quarto dietro all'oggetto di riferimento.

Il quinto consente di portare tutti i testi avanti agli altri oggetti.
Il sesto porta dietro agli altri tutti gli oggetti con campitura.

10

I Layout

I *Layout* sono delle speciali finestre a cui si accede nella parte inferiore dell'interfaccia (figura 1) e dalle quali si possono visualizzare una o più aree del *Model*.

Facendo il consueto confronto con il nostro arcaico tavolo da disegno, il *Layout* rappresenta il vero e proprio foglio di carta in cui si riportano in scala i progetti che devono essere rappresentati.

Nei *Layout* è possibile inoltre inserire altri oggetti, al di fuori delle finestre sul *Model*, nonché testi, linee guida e quant'altro.

Di default, all'apertura di AutoCAD sono disponibili due finestre *Layout*, denominate *Layout 1* e *Layout 2*.

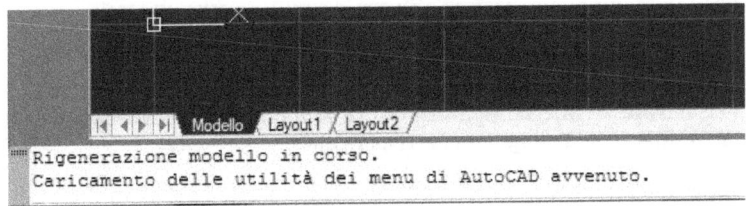

finestre Layout

Naturalmente è possibile rinominarle, cliccando sulla linguetta corrispondente con il tasto destro e scegliendo "Rinomina".

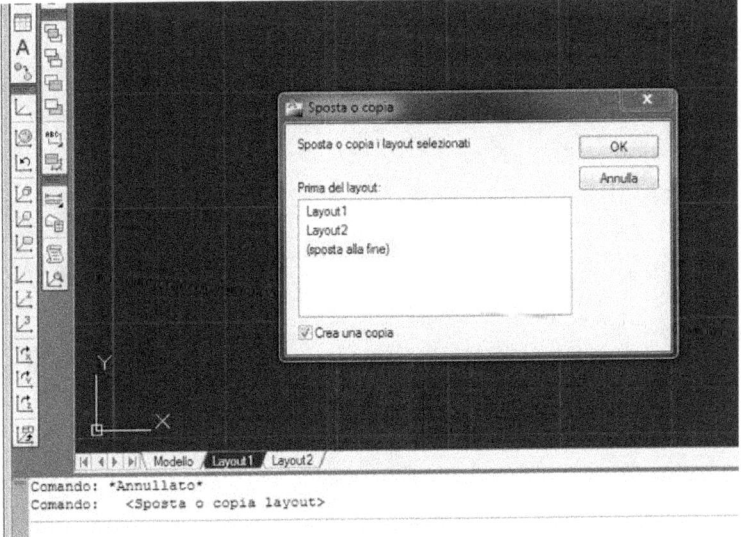

sposta o Copia un Layout

Prova a rinominare una di queste come "Tavola 1".

Naturalmente, con lo stesso procedimento è possibile eliminare uno o più finestre *Layout*, oppure creandone di nuove, scegliendo *"Nuovo Layout"*.

Possiamo crearne quanti ne desideriamo.

Prova ora a cancellare un layout e ricrearne uno nuovo.

È possibile infine copiare o spostare (opzione "Sposta o Copia") un layout dopo uno scelto dalla lista che comparirà alla scelta di questa opzione.

Per creare una copia, basterà attivare la spunta corrispondente.

Prova a fare una copia di un *Layout*. Questa verrà rinominata "nome layout (2)", nome che potrai rinominare in qualsiasi momento.

Per entrare all'interno dello spazio *Layout* è sufficiente cliccare con il tasto sinistro sulla linguetta corrispondente.

Si aprirà un ambiente di lavoro come quello rappresentato in figura.

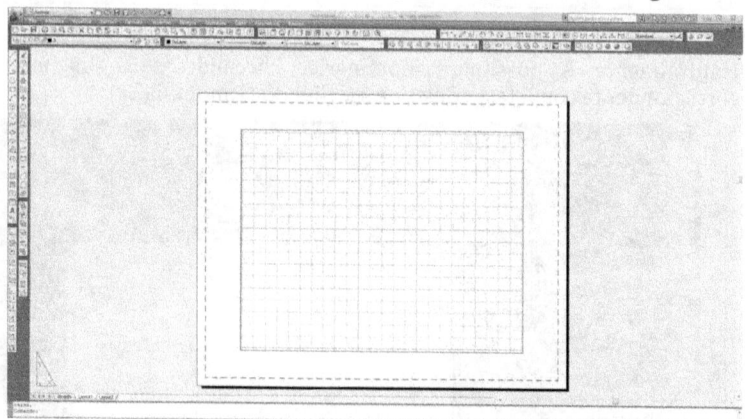

ambiente Layout

11

Gestione dello spazio di pagina: dimensioni, stampante e scala di stampa

A questo punto puoi personalizzare questo ambiente di lavoro, ovvero il foglio di carta, cliccando su "Gestione impostazioni di pagina" tra le scelte disponibili nel menu precedente.

Si aprirà una finestra come in figura, in cui potrai modificare i layout esistenti, crearne di nuovi o importarne uno tra modelli predefiniti o precedentemente realizzati.

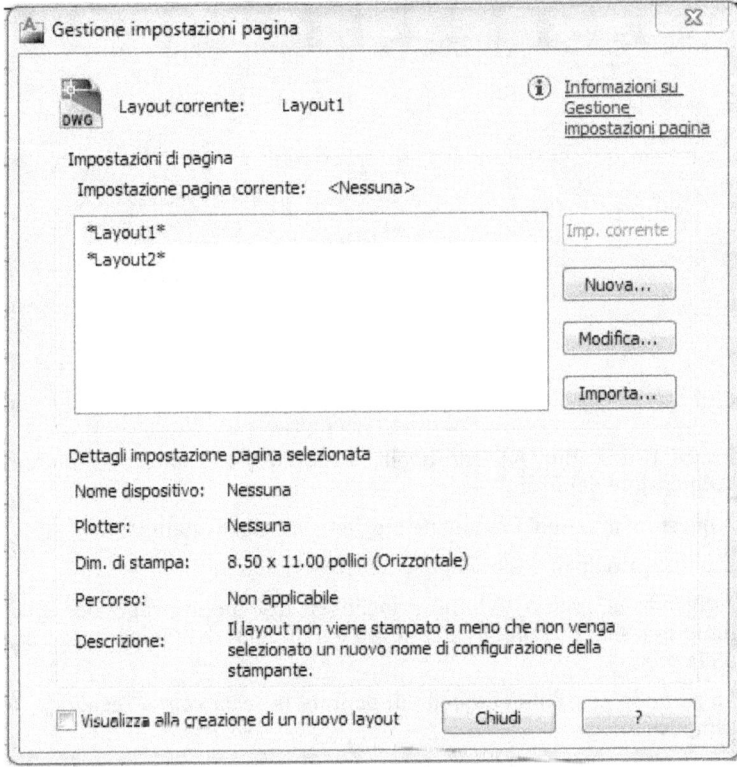

gestione impostazioni pagina

Scegli "Modifica". Si aprirà una nuova finestra in cui potrai definire la stampante, il *ctb* di stampa, le dimensioni del foglio, l'elemento o la sezione da stampare dal *Model* e soprattutto la scala.

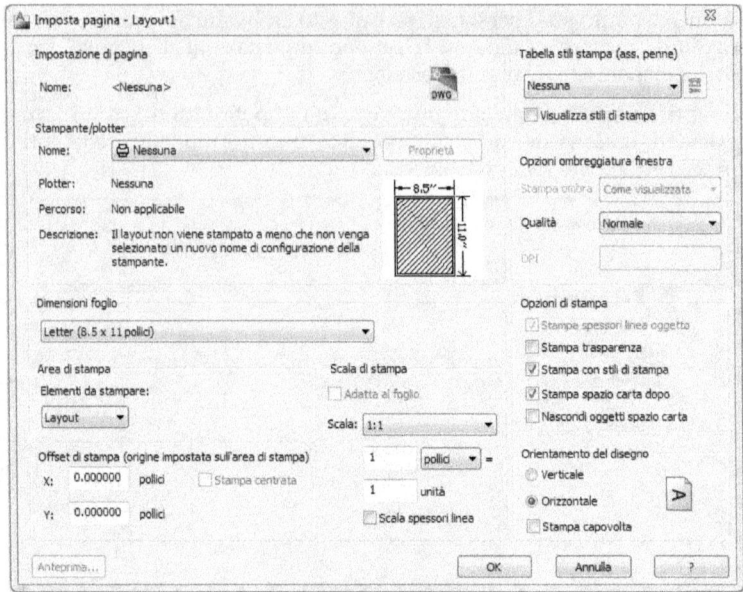

impostazioni della pagina

Imposta il foglio A4 tra quelli disponibili nel menu a tendina "Dimensioni del foglio".

A questo punto puoi finalmente scegliere la scala di stampa.

Hai due principali possibilità.

Attivando la spunta "Adatta la foglio", il disegno si proporzionerà ai limiti massimi disponibili all'interno dei margini di stampa, senza una scala precisa.

La seconda possibilità è quella di definire la scala voluta seguendo un semplice calcolo.

Bisogna tener presente l'unità di misura minima adottata all'apertura del progetto, ossia in che unità di misura abbiamo disegnato nel *Model* in scala 1:1, ad esempio *metri, centimetri, millimetri*.

La prima domanda che devi farti per definire la scala di stampa è:

→ *Quanti millimetri ci sono nell'unità di disegno scelta?*

Faccio un esempio. Poni il caso in cui hai disegnato il tuo progetto in metri.

Alla domanda: quanti millimetri ci sono in un metro, rispondi 1000.

In caso avessi disegnato in millimetri, la risposta sarebbe stata invece 1.

Ricorda che la scelta dell'unità di misura è dipendente dal tipo di progetto. Nessuno esprimerebbe in millimetri un progetto urbanistico, così come nessuno esprimerebbe in kilometri il progetto di un arredo interno.

La seconda domanda è:

→ *In che scala avrei disegnato sul mio tavolo da disegno utilizzando un foglio di dimensioni x,y?*

Questo sarà il valore del denominatore del rapporto di scala, secondo la nostra conoscenza standard.

Ad esempio per una rappresentazione in scala 1:100, risponderemmo a tale domanda 100.

Per concludere questo procedimento apparentemente contorto dovremo mettere in rapporto il valore della prima domanda con quello della seconda domanda.

Ad esempio, se vogliamo stampare dal *Layout* un progetto espresso nel *Model* (scala 1:1) in metri, secondo un rapporto di scala 1:50, dovremo indicare nelle due caselle "Scala di stampa" 1000 e 50.

Ciò significa che in questo caso la scala 1000:50 corrisponde al tradizionale 1:50 di un progetto espresso in metri.

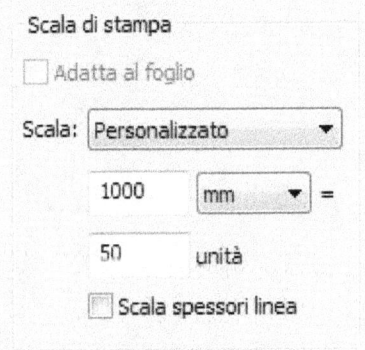

scala di stampa 1:50 su un progetto espresso in metri

Ma perché questo ragionamento così contorto?

Perché nel *Model*, AutoCAD non è in grado di comprendere quale sia l'unità di misura di partenza.

Esprimere il valore di 1 metro come 100 centimetri o 1000 millimetri o 0,001 kilometri è un concetto comodo a noi per esprimere lo stesso valore, ma non per il programma per il quale il valore 100 (centimetri), ad esempio, potrebbe essere interpretato anche come 100 kilometri.

Ecco quindi il perché della prima delle due domande, la più importante che chiarisce ad AutoCAD che 100 sono centimetri.

La casella "Scala spessori di linea" serve invece per riproporzionare gli spessori espressi nel file *ctb* in funzione della scala scelta, onde evitare spessori troppo importanti su rappresentazioni troppo minute e viceversa.

Prova a esercitarti con altri rapporti di scala, ad esempio:

1. Disegno in centimetri – scala finale 1:20

2. Disegno in metri – scala finale 1:1000

3. Disegno in millimetri – scala finale 1:25

12

Dimensionamento personalizzato del foglio

Oltre ai preset dimensionali del foglio, è possibile personalizzare le dimensioni del *Layout* di stampa secondo le proprie necessità, ad esempio creando una striscia di stampa.

Vediamo come realizzare una striscia molto lunga (tipica dei plotter), pronta per essere piegata in modulo A4.

Stabiliamo ad esempio che tale striscia dovrà misurare 168 cm in larghezza e 59,4 in altezza, ovvero 8 moduli A4 sul lato orizzontale e 2 moduli sul verticale.

Seleziona il *Layout* su cui modificare le dimensioni del foglio e scegli "Gestione Impostazioni pagina", quindi "Nuova".

Rinomina la nuova impostazione come "prova" e conferma.

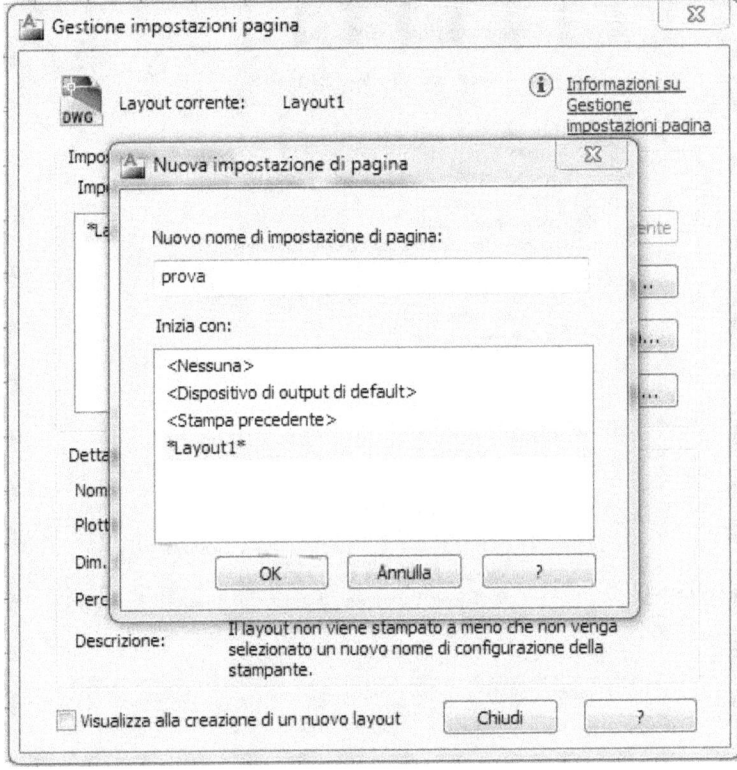

nuova impostazione pagina

Nel pannello "Imposta pagina" seleziona "DWG to PDF" come stampante e clicca sul tasto "Proprietà".

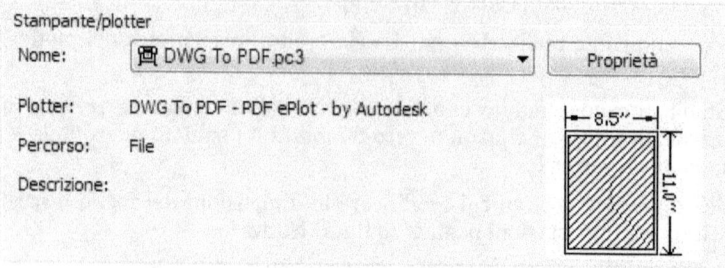

scelta della stampante

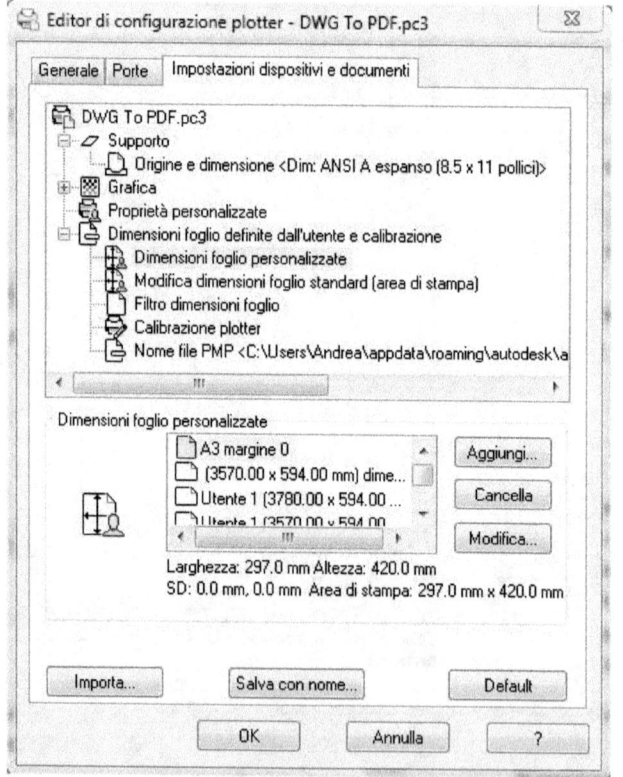

editor di configurazione plotter

Si aprirà una nuova finestra dal titolo "Editor di configurazione plotter" in cui cliccherai su "Dimensioni foglio personalizzate". Clicca poi su "Aggiungi".

Nella nuova finestra che si aprirà sarà possibile definire le dimensioni del foglio da stampare. Scegli "Inizia da zero" e imposta quindi le dimensioni 1680 x 594 millimetri.

Ricorda di specificare l'unità di misura "millimetri".

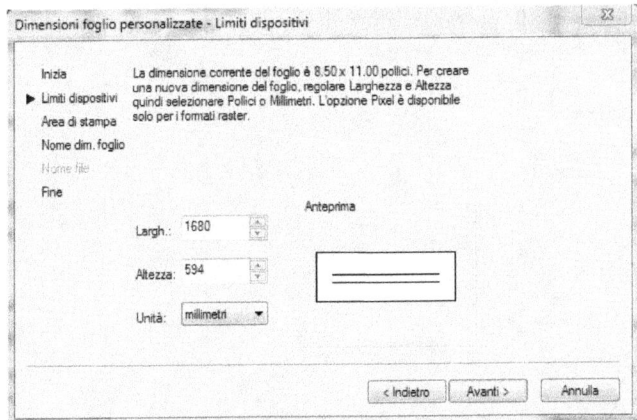

inserimento dimensioni del foglio

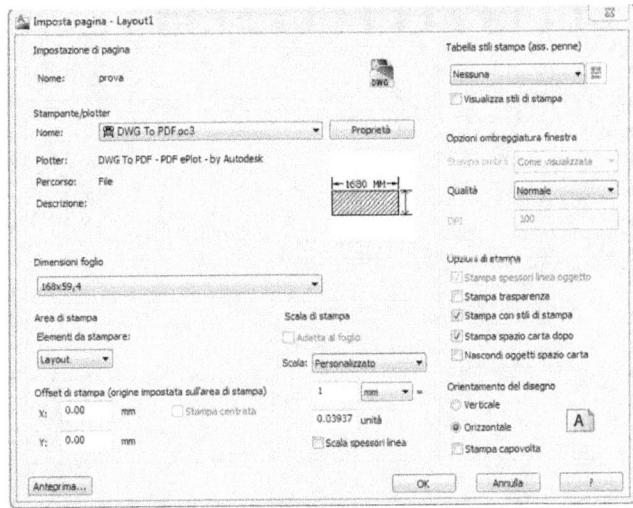

scelta del modello

113

Accetta le impostazioni e nella schermata successiva definisci i margini di stampa oltre i quali il plotter non stamperà nulla. Imposta i valori a 0.

Clicca su "Avanti" e nella schermata successiva nomina il nuovo *Layout*, ad esempio "168x59,4".

Il gioco è fatto. Non ti resta che scegliere il nuovo modello tra quelli a disposizione e confermare.

Allo stesso modo potrai scegliere il *ctb* di stampa e l'orientamento del disegno, se orizzontale e verticale.

13

Inserimento di finestre nello spazio layout

Adesso entriamo nel vivo dell'impaginazione, ossia l'inserimento delle finestre.

Prima di fare questo suddividi lo spazio carta in tanti fogli A4. In pratica le linee di piega.

Inserisci in corrispondenza dell'angolo superiore sinistro una linea di costruzione verticale.

Fanne tante copie distanziate tra loro di 210 (millimetri).

Crea ora una linea di costruzione orizzontale e fanne due copie distanziate di 297 (millimetri).

Selezionale tutte e crea un nuovo *layer* "pieghe" nelle cui proprietà imposterai il blocco alla stampa (in modo che non vengano stampate) e il lucchetto chiuso (in modo che non vengano spostate).

Crea ora una nuova finestra.

Tali finestre aprono un varco sullo spazio *Model*, che potrà essere scalato e impostato a piacimento.

Per inserire una o più finestre, vai nella barra in alto e sotto "Visualizza", scegli "Finestre", quindi "1 finestra".

Specifica come punto di inserimento il vertice in alto a sinistra (ti aggancerai con lo SNAP alla linea di costruzione) e come punto finale il punto dato dall'intersezione delle due rette di costruzione successive.

Hai aperto una finestra sul *Model* nello spazio carta (*Layout*).

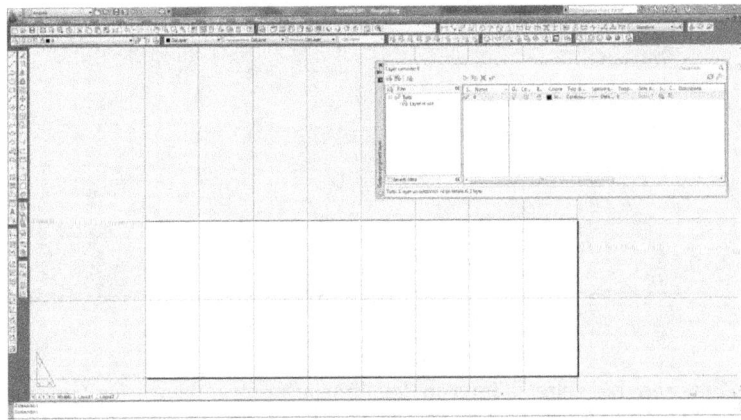

linee guida

117

apertura di una finestra 21 x 29,7

Logicamente non sei tenuto a rispettare le esatte misure dell'A4, come in questo esempio, ma sarai libero di aprire finestre delle misure che vorrai.

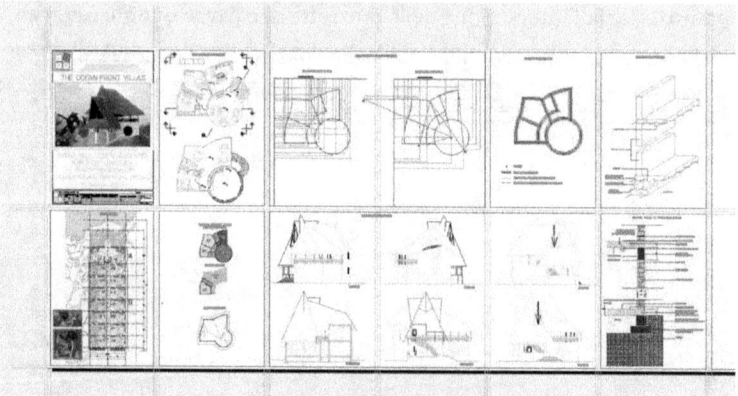

esempio di spazio layout

Cliccando due volte all'interno della finestra potrai navigare all'interno del *Model*, scegliendo gli oggetti da visualizzare.

Ovviamente tutto ciò che modificherai all'interno della finestra (doppio click) sarà modificato anche nello spazio *Model*.

Per uscire dalla finestra basterà cliccare due volte al di fuori di questa.

N.B.: il progetto allegato è protetto da copyright, quindi può essere visualizzato ma non copiato o riprodotto, senza specifico assenso scritto dell'autore.

All'interno del Layout, fuori dalle finestre è possibile, come hai visto nel file allegato, creare testi, scritte, oggetti e forme, nonché importare immagini e creare intestazioni.

Prova a realizzare una tua configurazione di pagina personalizzata, scegliendo le dimensioni che più usi (A4, A3 o personalizzata per plotter) e inserendo il tuo logo e l'intestazione.

Come per tutti gli oggetti, le finestre possono essere associate a un *Layer*, con spessore e colore.

È possibile inoltre, selezionando la finestra e cliccando sul tasto delle

"Proprietà" (   ), modificare le preferenze in modo preciso.

Prova ad esempio a inserire una finestra specificando nelle preferenze le dimensioni esatte.

Il tasto delle proprietà è associato a tutti gli oggetti, siano essi all'interno del *Model* o nel *Layout*. Vediamo nel dettaglio.

14
Proprietà

Come detto, ogni oggetto all'interno di AutoCAD è dotato di proprietà.

Crea un rettangolo nello spazio *Model* e selezionalo.

Clicca ora sul tasto delle proprietà, in alto nella barra del menu.

Si apre una finestra in cui sono riassunte le proprietà dell'oggetto.

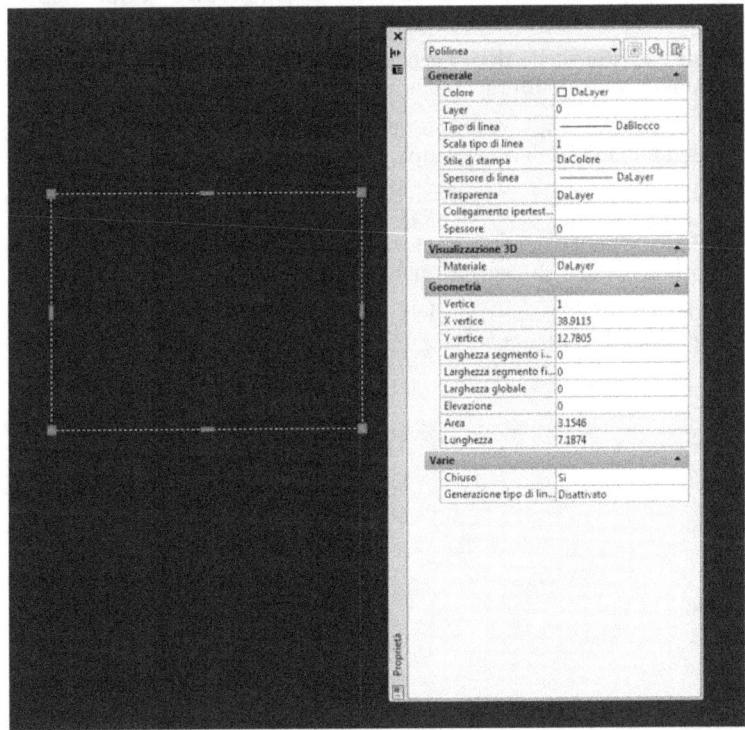

proprietà del rettangolo

Questa finestra indica la natura dell'oggetto (una polilinea, quale è il rettangolo); i dati generali come il *layer* a cui appartiene, il colore, la scale, etc.; il materiale (solo per il 3D che non è trattato in questi volumi); la geometria (misure, posizione e dati di calcolo come area e perimetro...); e altre impostazioni utili.

Avrai notato che alcune caselle sono grigie e non selezionabili né modificabili.

Sono quelle che riguardano la natura dell'oggetto e i dati di calcolo (come Area e Perimetro) che derivano dagli altri parametri modificabili in bianco.

Prova a modificare, ad esempio, alcuni parametri dimensionali e guarda come cambiano automaticamente i dati di calcolo.

Ovviamente ogni oggetto ha caratteristiche specificate nelle proprietà diverse tra loro.

Una campitura (che vedremo in seguito) avrà caratteristiche parametriche ben differenti da un testo o da una figura geometrica.

Anche le finestre dei Layout hanno al possibilità di essere parametrizzate all'interno della finestra delle proprietà.

Questo è utile, ad esempio, per cambiare la natura del tratto, rendendolo invisibile alla stampa, o a cambiarne il colore.

Puoi infine copiare le proprietà di un oggetto sull'altro cliccando

sull'icona "Copia proprietà" , poi sull'oggetto da cui copiare le proprietà e infine sull'oggetto su cui copiarle.

Verranno copiate le proprietà base, quali il *layer*, il colore, le dimensioni di testo e così via.

15

Campitura (riempimento e tratteggio)

La campitura, sia essa un riempimento pieno o sfumato o un tratteggio, è una tecnica utile per abbellire un disegno o per creare degli effetti particolari come sfumati e bombati.

Perché una campitura sia applicabile è essenziale che questa avvenga all'interno di una figura perfettamente chiusa.

Prova a creare un riempimento all'interno del rettangolo appena disegnato.

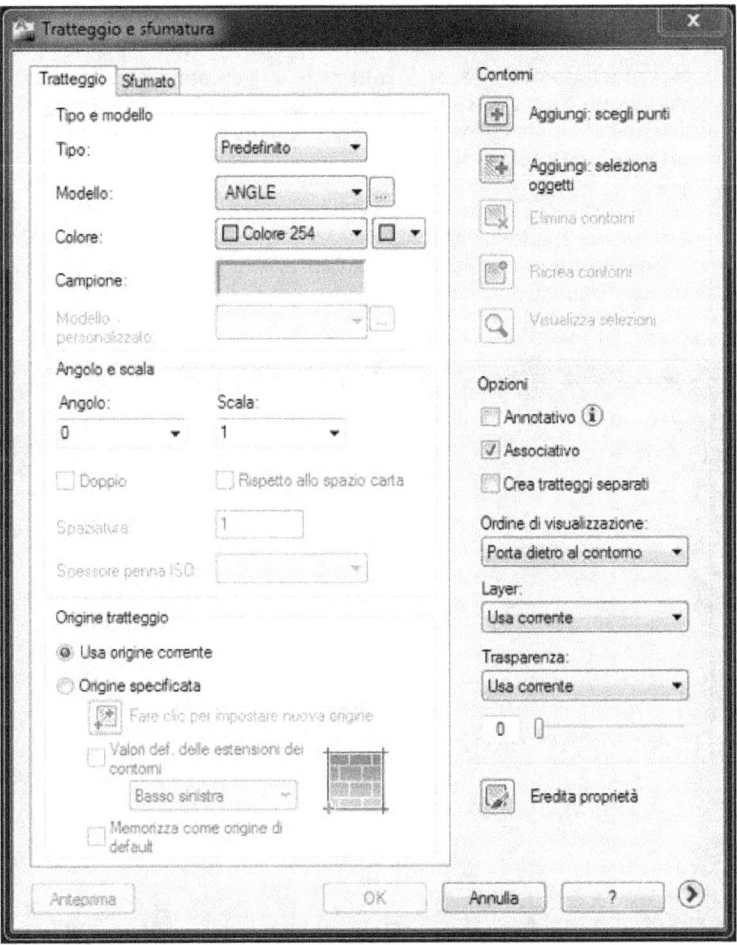

finestra tratteggio

Clicca sull'icona del tratteggio.

Ne hai due tipi (): la prima crea un tratteggio pieno, la seconda un tratteggio sfumato.

Scegli la prima delle due.

Si apre una finestra in cui puoi definire il *layer* della campitura e quindi il suo colore; il tipo (modello): se tratteggio o campitura piena; la scala e l'angolo di tratteggio; la trasparenza e altri parametri.

Un buon metodo per inserire il tratteggio o la campitura all'interno di un'area chiusa è quello di selezionare il tasto "Aggiungi: scegli punti" in cui ti sarà sufficiente cliccare in un punto all'interno della figura chiusa per inserire la campitura.

Facciamo un esempio.

Imposta come modello "SOLID" e clicca prima su "Aggiungi: scegli punti", poi in un punto interno alla figura, quindi conferma con tasto destro con "Immissione", poi con OK.

L'area interna al rettangolo si riempirà.

campitura piena

128

Prova a cambiare tipo di modello di campitura, modificando opportunamente la scala.

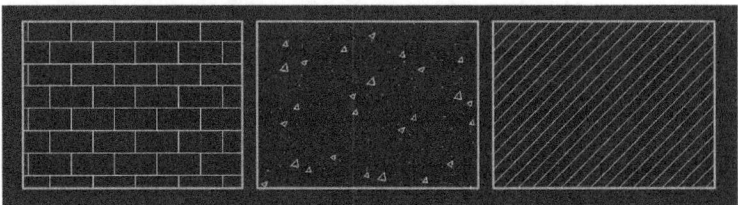

tratteggi

Campiture e tratteggi sono utili, ad esempio, per riempire ed evidenziare delle aree di progetto selezionate, o per colorare i muri in sezione, oppure per rendere l'effetto verde di un prato o azzurro di uno specchio d'acqua.

Le campiture sfumate funzionano nello stesso modo delle precedenti, ma si ha la possibilità di inserire due colori e un tipo di sfumatura, come in figura.

campitura sfumata

Anche le campiture e i tratteggi hanno le loro proprietà che permettono la personalizzazione e la modifica ad hoc.

Prova a modificare dalle proprietà colore, scala, tipo di tratteggio e altri parametri di una campitura selezionata.

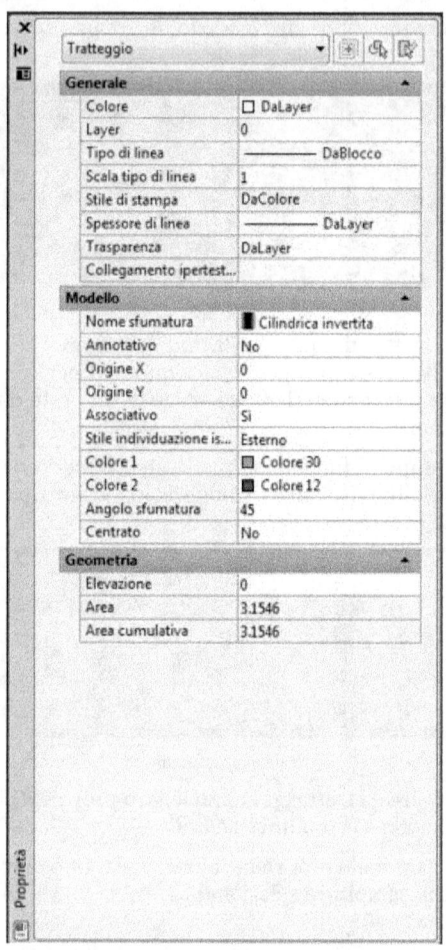

proprietà di una campitura sfumata

16
Quotatura e righello

Le quotature sono indispensabili per una buona resa di un progetto.

AutoCAD ci lascia la possibilità di disegnare e personalizzare i nostri stili di quota, salvarli e sceglierli di volta in volta.

Prima di introdurre questo concetto, voglio chiarirti la differenza fra quotatura e righello.

La prima serve a definire una misura e fissarla come elemento del progetto.

La seconda è uno strumento di calcolo e controllo che non influisce in nessun modo sul disegno. Serve a te per misurare una distanza o un angolo.

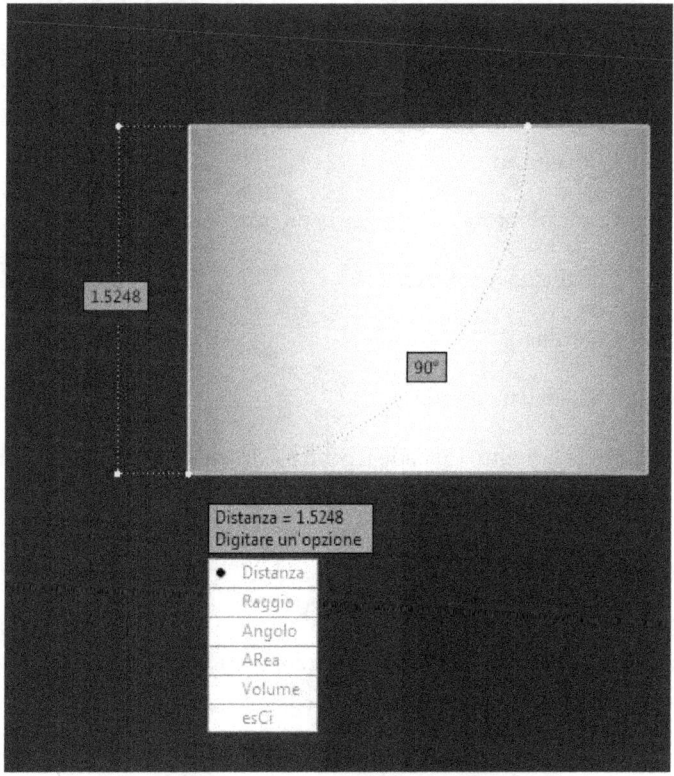

misurazione di un lato del rettangolo

Ecco perché è concettualmente sbagliato misurare un elemento geometrico con la quota.

Per misurare si usa quindi il righello, selezionabile dall'icona "righello" .

Clicca sull'icona del righello e misura ad esempio il lato verticale del rettangolo. Clicca sul vertice in alto e poi su quello basso (o viceversa) e conferma con Enter o col tasto destro.

Se invece intendiamo quotare il rettangolo allora dobbiamo usare la quota.

Abbiamo la possibilità di scegliere diverse tipologie di quotatura, ci concentreremo sulle più usate.

tipi di quotatura

1. Quota lineare

2. Quota allineata (o su oggetti non orizzontali o verticali)

3. Lunghezza di un arco

4. Coordinata

5. Raggio di un cerchio

6. Raggio ridotto (quando il centro si trova all'esterno del *layout* e non può essere visualizzato)

7. Angolo

8. Quotatura rapida (sconsigliata)

Gli altri tipi sono poco usati e non verranno trattati.

Per poter quotare un oggetto si opera come segue:

1. Clicca sul tipo di quota (ad esempio lineare).

2. Clicca sul primo punto del segmento da copiare.

3. Clicca sul punto finale.

4. Clicca su un punto ragionevolmente distante da segmento.

5. Conferma.

Verrà creata la tipica quotatura distanziata dal segmento interessato con la misura al centro.

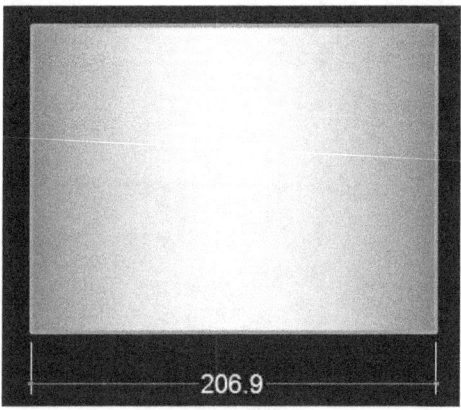

quota orizzontale

Anche un angolo può essere quotato in modo analogo, selezionando l'icona e, uno alla volta, i due segmenti che lo contengono.

quota angolare

Chiariamo anche il significato di quota allineata.

Ipotizziamo di voler indicare la misura della diagonale.

Clicca sull'icona della quota allineata, poi sul vertice in alto a sinistra, infine su quello in basso a destra. Spostati in posizione desiderata e conferma.

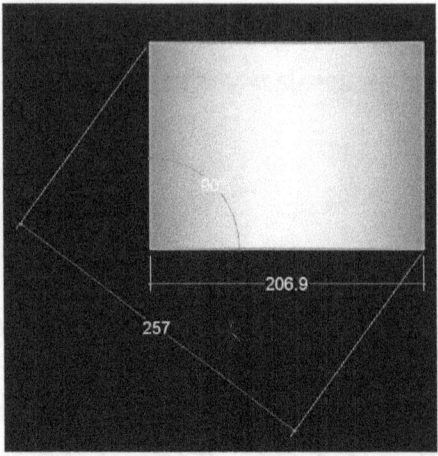

quota allineata

La misura di una quota può essere "forzata" entrando nelle proprietà e digitando il valore voluto nella casella "Modifica locale testo" nella sezione "Testo".

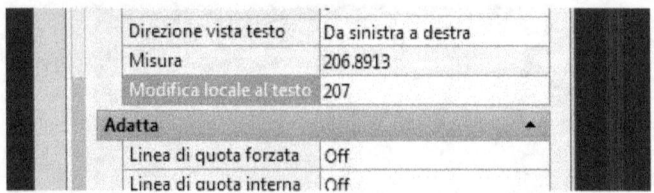

modifica locale testo

Vediamo ora come personalizzare lo stile di quota.

Ciò è possibile cliccando "Stile di quota" dal menu "Quotatura" o sull'icona .

Si aprirà una finestra in cui potrai decidere se creare uno stile ex novo, modificare il corrente o importarne uno predefinito o precedentemente realizzato.

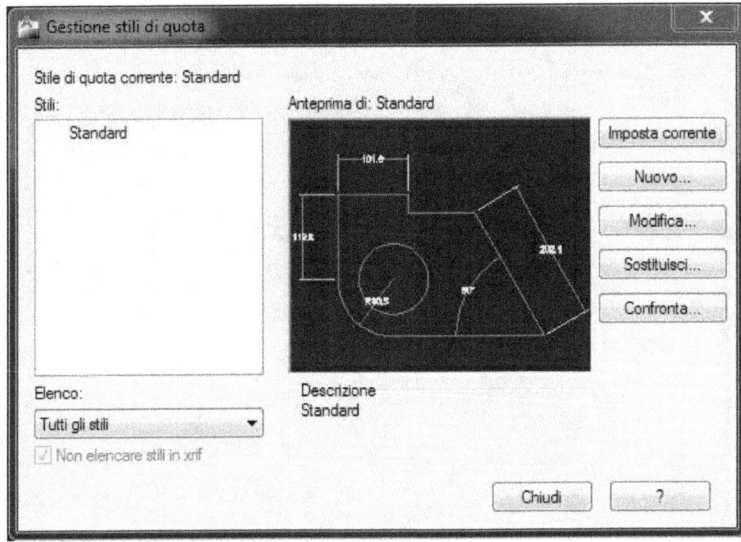

gestione stili di quota

L'anteprima è utile per visualizzare immediatamente lo stile corrente.

Proviamo a modificare quello corrente. Clicca su "Modifica".

Si aprirà una nuova finestra in cui potrai modificare le impostazioni.

Trovi diverse sottocartelle:

- "Linee" ti permette di modificare lo stile delle linee di quotatura.

- "Simboli e frecce" i terminali delle linee.

- "Testo" il posizionamento e il carattere del testo o della misura.

- "Adatta" in cui puoi definire come adattare i testi in funzione della geometria.

- "Unità primarie" ti permette di definire il formato dell'unità, i suoi decimali etc.

- "Tolleranze" la precisione della quota.

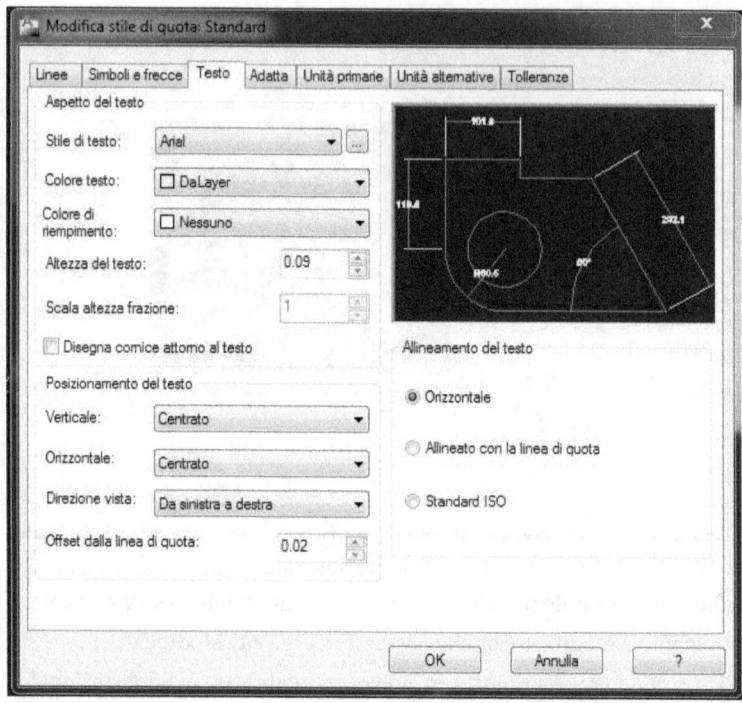

modifica dello stile di quota

Proviamo a modificare ad esempio le "Linee" e le "Frecce".

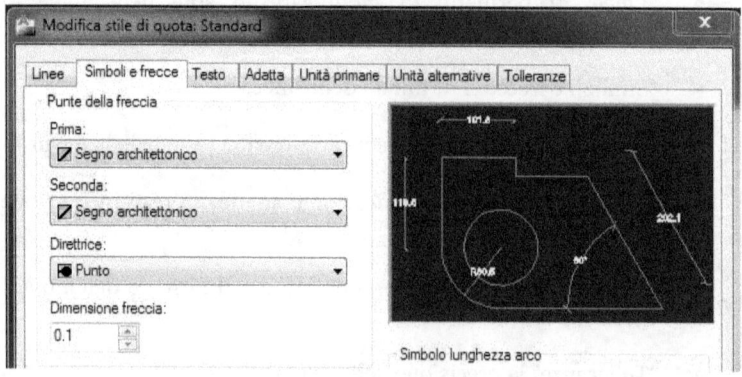

modifica delle frecce

Puoi ad esempio togliere le spunte relative alle linee che distanziano la quota dal segmento interessato ("Sopprimi linee di estensione").

Vai ora nella sottocartella "Simboli e frecce" e seleziona "Simbolo architettonica" impostando la misura a 0,1.

Modifica infine il testo (dalla sottocartella "Testo"), impostando ad esempio "Standard" come carattere, spuntando l'opzione "Cornice attorno al testo" per riquadrarla, dimensionando il testo a 0,1 e allineandolo in orizzontale.

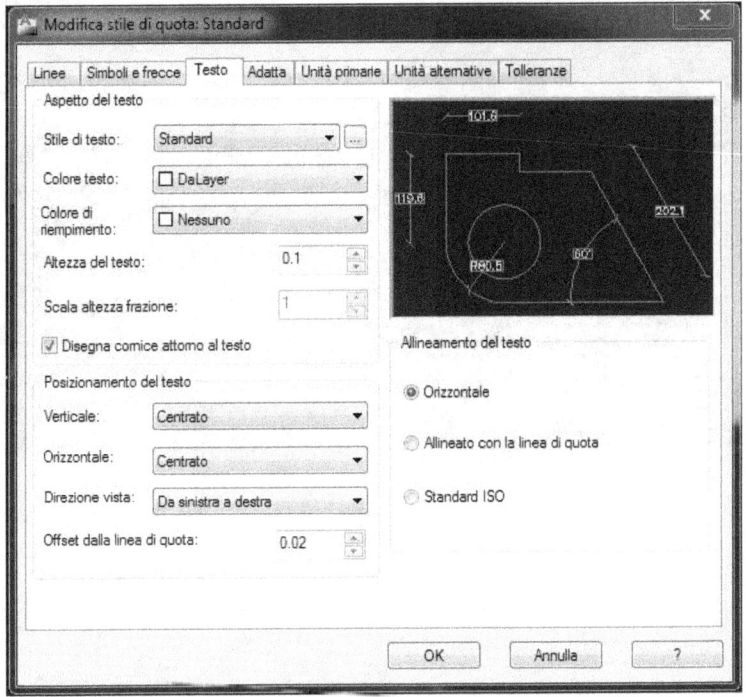

modifica del testo

Confermando con OK, tutte le quote del disegno si adatteranno alle nuove impostazioni, che possono anche essere salvate come nuovo stile di quota.

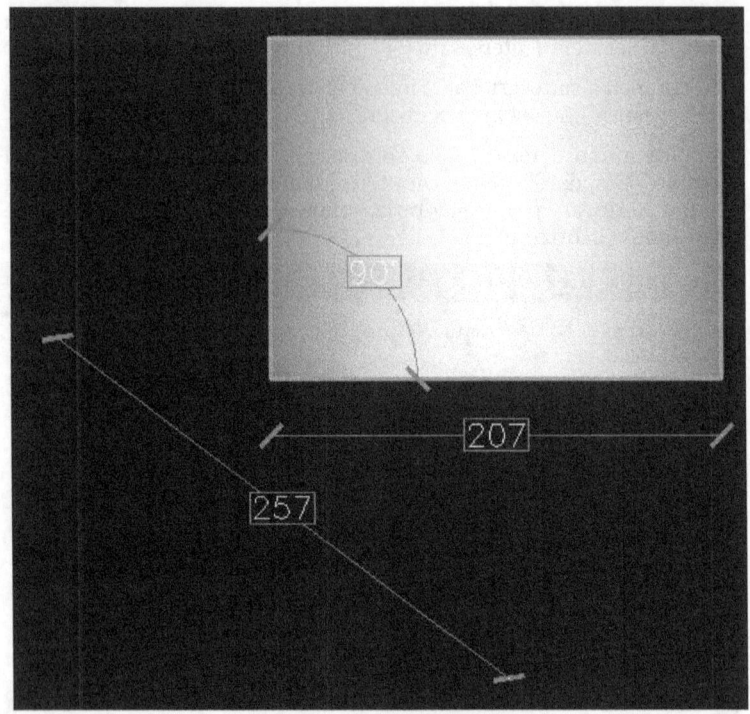
le quote modificate nel disegno

È possibile inoltre eseguire modifiche di stile soltanto su quote specifiche, quando queste sono selezionate.

È possibile di conseguenza copiare con il tasto "Copia Proprietà" le impostazioni dello stile di quota da una quota all'altra.

17
Conclusioni

Con questo ultimo concetto concludiamo questo volume di AutoCAD 2D .

Dovresti essere in grado, con il debito esercizio, di realizzare qualsiasi disegno o progetto, quotarlo, abbellirlo, impaginarlo e stamparlo in pdf o su carta con la stampante o con un plotter in caso di formati speciali.

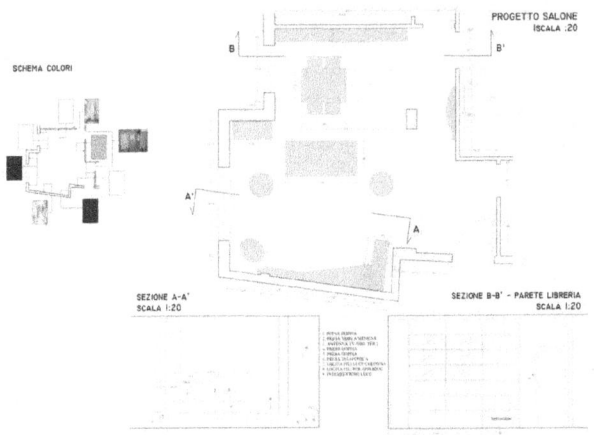

progetto di un salotto: tavola di presentazione

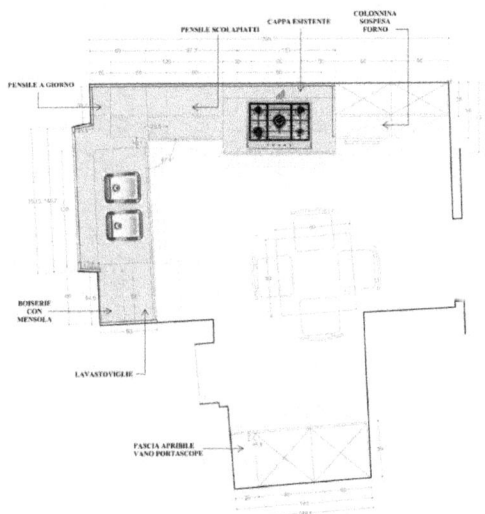

progetto di una cucina quotata in pianta

Creare progetti precisi e tavole interessanti non sarà più un problema.

Ricorda sempre che un tavola chiara, ordinata ed elegante migliora anche il tuo progetto e ti fa acquisire clientela più selezionata.

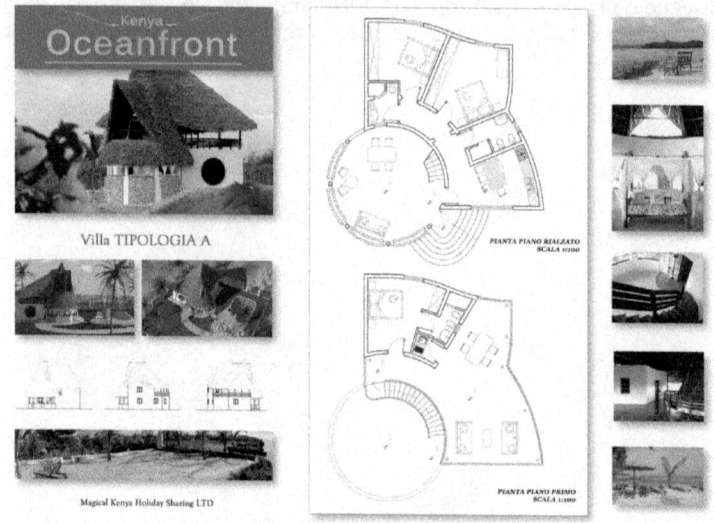

tavola di presentazione in A3 di un villino

Sono certo che questo breve corso sia stato per te utile ed esplicativo e mi auguro che continuerai a seguirmi nelle pubblicazioni su **www.blenderhighschool.it**.

Buon lavoro!

Desidero ringraziare chi mi ha supportato, in particolare Angelo Imperatore, collega di lavoro e di progetti futuri, e il mio editore *Lulu.com*.

Per qualsiasi informazione non esitate a contattarmi nella sezione *Helpline* del sito *www.blenderhighschool.it*

Per ulteriori contatti:
blenderhighschool@gmail.com
www.blenderhighschool.it

Note sull'autore

Andrea Coppola, classe '71, è un professionista poliedrico: architetto, *designer*, 3D *artist* e costruttore (e parecchi anni fa anche musicista arrangiatore e produttore).

Vive dividendosi tra Roma (dove si occupa di architettura di interni e design e di training) e il Kenya (dove ha progettato e realizzato cinque residence di ville a Watamu: (consultabili sul sito internet dedicato www.lamiacasainkenya.com). In Kenya è anche socio fondatore della società di costruzioni Hendon Properties Ltd.

Titolare e fondatore dello studio di architettura di Roma L.A.A.R. (www.laboratoriodiarchitettura.info), ha lavorato e lavora tuttora come progettista di interni e designer (avendo progettato, tra l'altro, i due modelli di cucina "Nairobi" e "Skin" per Reval Cucine s.r.l. e la sedia "Cra Cra" per Art Leather).

Ha inoltre lavorato come coordinatore per la sicurezza nei cantieri edili (C.S.E.) e come assistente universitario presso la facoltà di Architettura di Roma "La Sapienza", insegnando in alcuni master.

Appassionato di computer grafica e in particolare di Blender, tiene regolarmente corsi, attraverso il sito www.blenderhighschool.it, uno dei principali riferimenti italiani di Blender. In questo sito, l'Autore cerca di dare il personale contributo alla causa di Blender, grazie alla sua versatilità, offrendo tutorial, trucchi, libri e prodotti gratuiti e/o a pagamento, oltre a servizi di modellazione e *rendering*.

Come consulente ha realizzato dei cataloghi per aziende di cucine (insieme ad Alan Zirpoli); per la Mars Society di Bergamo un progetto interattivo utilizzando le reali mappe del pianeta rosso fornite dalla NASA (con Francesco Andresciani); per conto di Giampaolo Luglio / Efora della Beozia della ricostruzione di una fossa-*bustum* con la *kline* lignea decorata disposta sopra una pira ritrovata in Beozia (Grecia) ed è stato revisore tecnico del libro *Learning Blender* di Oliver Villar (www.blendtuts.com).

Attualmente, si occupa di architettura visuale interattiva.

Oltre a questa opera, ha pubblicato *Blender - La Guida Definitiva, in italiano e inglese* (in 5 volumi più aggiornamenti, pubblicata da www.lulu.com), la monografia *PBR Theory &* Blender (italiano e inglese, www.lulu.com), *Unreal Engine 4 per tutti* (www.lulu.com), *Corso di Fonia* (www.lul.com), 8 *e-book* su Blender, 1 sulla stampa 3D, 10 videocorsi, una Academy a tema (Thematic Academy) su Blender; 3 *e-book* su Autocad; e 1 *thriller* ("L'Altra Specie"), questi ultimi editi da Area 51 Editore di Bologna (www.area51editore.com).

È *trainer* certificato della *Blender Foundation* (*BFCT*).

✲Blender Foundation Certified Trainer